一个禅者眼中的男女

林谷芳 著

商务印书馆
The Commercial Press

2019年·北京

图书在版编目(CIP)数据

　　一个禅者眼中的男女/林谷芳著.—北京:商务印书馆,2016(2019.2重印)
　　(林谷芳作品)
　　ISBN 978-7-100-11682-4

　　Ⅰ.①一… Ⅱ.①林… Ⅲ.①禅宗—通俗读物
Ⅳ.①B946.5-49

中国版本图书馆 CIP 数据核字(2015)第 250619 号

权利保留,侵权必究。

一个禅者眼中的男女

林谷芳　著

商　务　印　书　馆　出　版
(北京王府井大街36号　邮政编码100710)
商　务　印　书　馆　发　行
北　京　冠　中　印　刷　厂　印　刷
ISBN 978-7-100-11682-4

2016年1月第1版　　　　　　开本 787×960　1/16
2019年2月北京第2次印刷　　印张 13½
定价:45.00元

目录

小引
你我每天都得面对的公案：男男女女　　3

缘起观中的爱情
不能以量化分析解决的"男女问题"　　9
根本在识得缘起之理　　12
缘起法中的凡夫　　14
"恒久"的爱情是种生活的创造　　16
应缘中的创造　　18
以创造积累共同的过去　　20
爱情存在的真义（一）：裸露生命　　22
爱情存在的真义（二）：关怀生命　　25
爱情存在的真义（三）：创造生命　　27
失恋也是一种生命的福气　　29
给失恋人的一则公案　　31

两"性"之异

有了"异",才有印证生命的机会 35
你能体会另一个生命在你肚中的感觉吗? 37
从最深的触欲观照两性的差异 40
女人,与其说是感性,不如说是混沌 43
富于同情心,缺乏正义感 45
"焦点明确"的男人 47
男人是"识于远而昧于近"的动物 49

性的迷思与超越

性曲线与爱 53
爱与性的合一 55
气机的交换 57
性与道德的对话 59
性是可以转化与超越的 61
"精满不思淫"——自体的阴阳具足 63

能量是中性的，就看你怎么用它	65
不只是几克蛋白质与维生素而已	68
美好而非高潮	70
高潮的迷思	72
人对"性"向来都是严肃的	74
性是生命的一大公案	76
破除心理迷思，不难有性的超越	78

解读外遇

要有来自"异性"朋友的印证	83
外遇的"自然"属性与文化观照	85
不同人生阶段的外遇	88
"把握最后春天"的迷失	91
以未来的"现实"取代目前的"现实"，行吗？	93
想想"如何善后"	95
从生命源自缺憾的基点观照外遇	97
外遇是男女能否平等的一个重要勘验点	99

从激情到稳定

最大的功课要从最小的脚下参起　　　103
变化的人生怎可能有不变的感情　　　105
从"爱""性"到生活　　　107
超越"面对同一张脸孔"的梦魇　　　109
从激情到稳定的"实相"　　　111
"恩情"使生活更能唯心　　　113
习惯与默契　　　115
人无癖不立　　　117
恩爱的关键——空间的有无　　　119
给予彼此适度的空间　　　121
男人比女人更需要安全感　　　123
从"男尊女卑""父系母权"到"男女平权"　　　125
以兴趣与志业共创生命史　　　128

以子为师

谈两性关系，还得及于"亲子观照"　　133
小孩是"自性天真佛"　　135
其实，我们正可以"以子为师"　　137
感谢孩子再现我们的"生命前期"　　140
男女间的"实在"常从有了小孩才开始　　142
婚约里要有一份不泯的童心　　144
移情与感激　　146

如实观照，如实生活

"情"字要有外延扩大的解释　　151
男女相遇是"不可思议"之事　　153
识得时间的奥秘，即是大悟底人　　155
什么时节就该有什么风光　　157
以惜福超越现实与完美间的落差　　159
如实观照，如实生活　　161

附录

一朝风月　万古长空	*165*
我佛终宵有泪痕	*188*
世情与道缘	*194*
沙门如何有爱，婆子因何烧庵	*199*
我儿林雨萫——访禅者林谷芳	*204*

小引

你我每天都得面对的公案：男男女女

禅书《指月录》中记载着"婆子烧庵"的一则公案[1]：有一老婆子，供养某位僧人二十年，平时常请一个二八女子送饭服侍。一天晚上，她要这少女抱紧僧人，并挑逗地问他："这时的感觉如何？"僧人并无所动，反而以"枯木倚寒岩，三冬无暖气"作为答复。隔晨，这二八女子将情形转述给老婆婆，不料老婆婆竟说："我二十年只供养了一个俗汉。"遂"遣出烧庵"。

这公案的内容与一般我们所听到的宗教故事正好相反。宗教在绝大多数人眼中，即便不是禁欲，也是节欲的，但故事中的和尚秉承了这种规范，严守了佛门戒律，却落得被扫地出门。许多人在此，必定会兴起这样的疑问：该如何响应，才能让老婆婆这习禅的行家满意呢？

答案显然不在一个单纯的"迎"或"拒"，否则，它也就不成其为公案了。但无论答案何在，作为公案，这里其实已透露了一个讯

---

[1] 禅宗为打破人对事物的各种执着，以祖师说法接引时的一些言语动作为内容，立为公案，要学人参究。公案的特质是它没有一般常识或知识下的固定答案，参者答案何在，也就映现了自己的生命境界。

息，那就是：男女之事，是可以作为生命修行的重要课题的。[1]

这课题的重要，一来固缘于它有极复杂的一面，如何观照即直接映现参者当前的生命状态，也关联未来的可能圆熟；而更关键的，还因没有谁能避得开它。即使出家为僧，在出家前或修行时也必得于此作一观照[2]，否则就无以谈到解脱。

这个禅门拈提显然与一般人对"男男女女"的认知有别。时下的认知总以为过去的男女关系——尤其"性"，是被压抑或被神秘化的，以此，理性的态度就应顺其自然地来面对这个"生理"需要。然而，这种化约的观点，究竟是面对，还是简化了问题呢？会不会我们态度的转换与公案中的和尚相较，也只不过是从钟摆的这一边荡到另一边而已？

十七世纪的日本禅僧至道无难[3]，曾有一句禅语传世："男女相交是自然之道。"这样一句话出在道人身上，可说与《指月录》的"婆子烧庵"前后辉映，然而，禅语正要你参！关键正在于：什么是"自然"，难道只是顺性而为？这与放纵又有何差别？君不见道家讲自然讲了两千年，许多中国人却还在狗鞭虎骨中谈生理的满足，却终日劳神顿形、仓惶度日。单一个"性"字，"自然"就已让你如此了，何况那远为复杂的男女情爱！

---

[1] "婆子烧庵"公案，参者从佛门禅、教、密切入，会有不同的拈提，答案的相应因人而异，但此公案无论答案如何，却共同透露了一个修行的基点：修行非如槁木石灰。
[2] 以智慧照见事理。一般用在生命性的学问上，相较于分析、归纳、逻辑推演，它则全体领略、如镜照物。
[3] 禅僧法号一般皆用四字，前二字指的是道场或法嗣，后两字则是出家后的法名，如黄檗希运，是在黄檗山弘法的希运禅师。

显然，男女间的课题绝不只是个解放或禁欲的问题，而解套和结套常也仅是一体的两面。离开了异性，有人成佛成圣，有人成癫成狂；拥有了异性，有人得其完整，有人如入牢笼。好坏之间，是时运差别？还是"既无观照，自必颠倒"呢？

　　在这里，每一个案都牵涉到一个个独特的生命，但虽说独特，问题却又有其共同的根源。而也就因它不是是非题，不是选择题，也不是简答题，因此，想一辈子不被它牵着鼻子走，恐怕也只能把它当成必要的功课来好好参了。

缘起观中的爱情

不能以量化分析解决的"男女问题"

现代社会谈专业分工，任何问题都要请教专家学者，但却少有人返观专家学者的局限。的确，尊重专业是现代文明发展的基础，它使我们摆脱"官大学问大，财大气就粗"的传统陋习，更为尊重知识、尊重个人、尊重各领域的存在价值，但相对地，这种发展也使生命趋于分割，更易陷于"所知障"[1]中。于是，我们乃可以发现类如"芝加哥小便器高度之研究"的文章竟是篇博士论文，虽然这种研究总能说得上有些应用价值，但执于此，研究者自身必将陷于"但见秋毫，不见舆薪"的偏差，则不待言。

两性关系也如此，人人生活上必有的经验成为学问后，许多人开始依赖专家学者来解决自身的问题。这种求教他人的态度没错，但问题是：现代学问本建基在量化基础上，它强调统计学的通性，把事件中每个可以分析的元素独立出来处理。但偏巧，生命之事正是量化分析所难以逼近的，毕竟，一个生命不可能被解析成只是几克的钠、几克的钙、几克的纤维质，再加上百分之七十几的水而已，

---

[1] 佛家分人的执着为我执与法执，而所知障即因执着某种事理，反而障碍了智慧的观照，它根柢所指是生命与生俱来的认知局限。引用于日常，即指我们原先的认知常会成为下一认知的障碍，这在许多"专家"身上尤然。

想想，这一摊东西又怎能导致我们的恩怨交加与爱恨情仇呢？因此，想用纯粹量化分析的方法切入生命，只会让精义尽失！但矛盾的是，精义尽失的方式其外表却很具体，在想求得帮助的人眼中也可能最为实在，于是报章杂志告诉读者如何避免夫妻吵架时，就常出现下列类似的文字：

  首先，屏住呼吸，默念对方名字及"我爱你"三次，这时，你的怨气"平均"会少掉三成。
  其次，再想三件对方为你所做的好事，你的怨气"平均"又会再少掉三成，这时，开口跟他讲话，事情就不会闹僵。

这样的方法可不可行呢？如果你以此请教"专家"，他们会告诉你，据"统计"有效的是几成，但实情却是，我们并不能晓得对自己这"单一"的当事人来说，它的功效会是八成、两成、十成或完全无用。

老实说，生命的学问是不能这样的，对个体有效无效还是另一回事，更甚的是，这种支离破碎的解决方式不仅常让简单的事情变成复杂，连原先不成问题的也变成问题[1]，当事者在自我的特性被模糊掉后，往往在此把自己活活累死。

---

[1] 正如同幸福感率涉一定程度的主观感受，可一般人竟常直接以专家制定的幸福指数衡量自己，于是，原感幸福者，就可能在幸福指数"分数"不及格下觉得自己生活并不可取，个人的感受如此，更何况复杂的男女之间。

生命的学问是整体的学问，人人都可成为"专家"。在此，只有整体领略的通人，没有一门深入的专才；观照是它的本，分析只能是它的枝；他山之石，固可攻错，但自我返观更是攻错有效的前提。明乎此，男女间才可能有解。

根本在识得缘起之理

男女之间是个生命的学问,生命性的学问不能够用客观量化的方法来处理,解决之道还得赖当事者的自我观照,而观照也有究竟[1]或不究竟之别,要能在本质上作观照,才真有拨云见日的一天。

对男女关系的本质观照,首要在回归"缘起"[2]的基点。一切有为法,因缘而生,因缘而灭,有此体认,才能面对生命的"如实"[3]。男女间出问题,怨天尤人者有之,自卑自弃者有之,所以如此,往往缘于当事者以"不变"的期许来应对万事万物"变"的本质;此外,不谙于缘起之理,两人产生摩擦时,就容易将原因简单化、单一化,忘记了活脱脱生命间关系的复杂。

识得缘起之理,人会比较谦卑,比较不会觉得我应该得到什么,懂得"变"是常理,面对"变"就会更为坦然。何况,在人的感情世界中,缘起性最明显的正是男女之爱。

人的重要感情有亲情、友情、恩情、爱情等,爱情外,几乎

---

[1] 指最终极的认知或完成。
[2] 佛家认为宇宙万事万物的存在都必须依赖一定的条件,"此生故彼生,此灭故彼灭,此有故彼有,此无故彼无"。
[3] 指不掺杂主观的认知与实践。

都有坚实的生命基础支撑,例如血缘,例如长久的相处,例如特殊的因缘,例如志趣相投。却只有爱情常就是不知从何而来,不知从何而去,你对某人可能一见钟情,恨不得连为一体,也可能哪天就"忽然"无感,只想及早脱身,这缘生缘灭,常非当事者所能了然,却就将生命卷在其中。

佛陀说"缘起是甚深法门"[1],它一方面指的是,任何简单的事物都由众多的因缘和合[2]而成,以众生微小的心量[3]与智慧实难以测度;另方面则又指,因缘的熏习成熟时间往往很长,许多甚至是"多生异熟之果"[4]。男女间如果未能观照及此,仅在当前分合计较,最后只会种下更多的恶因。

凡夫俗子没有宿命之通,多世纠葛或许难以体会,但就现世因果而言,有缘起观照,处理事物也就较能全面超然。

在缘起之道,万事万物都是变动不居的,因此,以一法对万境并不合缘起之理。许多男女在问题浮现后往往很讶异地问:"我一向都对他(她)很好啊?!"其实,"变心"有何不对?心,本来就是刹那变迁的,只是有粗变细变之分。我们自己的心也在变,关键只在变得如何。

缘起是男女关系观照的基点,从这里可以开展出智慧与有情兼具的许多风光来。

---

[1] 生命修行的方法。
[2] 事物因缘起而有,如种子成树般,种子是因,阳光、水、空气是缘,须因缘和合乃能成就事物。
[3] 指内心世界的宽广与深刻。
[4] 指"果报因缘"从种因到结果要历经一生以上。

缘起法中的凡夫

现代人一切讲究新速实简,两性间常被化约成只是"性"的吸引,但这观点,却远远不足以说明生命在此的复杂牵连。

男女的吸引,常在懵懂之时已开始,它所涉及的心理层面其实远大于生理层面,两"性"的吸引因此也应该被广义地定义为:对另一种生命特质的追求。只是,这种特质及追求关联到更多的本能与混沌[1]。

正如单用乐理不足以解释一首乐曲为何能有它特殊的魅力般,历数对方优点来说明自己因此爱他(她),说穿了也只是一种自我合理化的行为。"部分相加并不等于全体",这种哲学命题放在艺术与爱情上同样有效。

一段炫人的爱情就如同一件迷人的艺术品般,其存在乃建基于许多质素的有机关联上。在艺术品,这种关联有艺术家能掌握的,也有缘于"偶然碰撞"的,而在爱情,这种"偶然"则更为明显。

"偶然",总引致更多的美感、惊喜与期待,它让我们"自以为"找到了一生钟情的对象,以为这些原是命定的"必然"。然而,当

---

[1] 指尚未或不能被概念分割的状态。

这份"以为"逐渐在现实中被厘清后，分手乃不可免。爱情"因误解而结合，因了解而分开"的这种特质，使它具有非常强烈的缘起性：因缘聚合擦出火花时，固"爱之欲其生"，缘起条件消失时，则虽非一定"恨之欲其死"，可也往往能"挥一挥衣袖，不带走一片云彩"。

爱情的分合，常带有一定的冲动，会冲动正因无明——对自己及所爱的懵懂。所以，合，固是懵懂的合，即便自以为"了解的分"，其实常也还在这份懵懂中。

懵懂，不只在对自己及所爱的不了解；懵懂，更根柢的，是无法照见事物的缘起性空。

佛家谈"缘起"，必谈"性空"[1]。一般人喜欢以缘分谈爱情，却很少观照到"缘"本身就是种"和合"，它有"无常"的本质。于是，因爱而欲占为己有，不知感情永远在变，离时当然备感挫折，痛苦乃由之而生。

"缘起"是佛家的对万法的本质观照。爱情的盲动、懵懂、自我、占有，让它具有最浓厚的缘起特质。但矛盾的是，在最具缘起性的感情上我们却又最希冀它的"永恒"，爱情之苦即由此而生。以此，如何观照爱情的"缘起性"，并在其中"随缘做主"，乃必然成为爱情功课上最主要的一个习题。

---

[1] 指万事万物皆因缘和合而成，因此并没有一个恒常不变的本质存在。

"恒久"的爱情是种生活的创造

佛家认为万事万物乃都因缘和合而成，生命的痛苦则因执着[1]这"必然的离散"为恒常所致，这点，在爱情上尤其明显。

追寻"不变的爱情"，几乎是所有人共同的梦，它是与生俱来的我执[2]最美丽的一种幻化，因为，"不变的爱情"所意涵的正是两个不变的个体。这种执着，有时是彻头彻尾的一种无明[3]；有时则是生命必变下无奈的期望。

无奈的期望常出现在哲学家或艺术家身上，他们比较能警觉生命的变，但却也因我执，仍在此做了赌注，这些人的爱情故事往往显得特别无奈凄怆，正由于它是在"明知不可能而追求之"的情形下发生的。

由于不变的爱情是人类共同的梦，生活中的男女又有着残酷的现实，悲凄的爱情就成为小说的主题，故事中主角的苦，常非一般人所能承受，但我们却因此借着小说、戏剧得到移情的满足，在此，读者宛如剧中人，既满足了对不变爱情的憧憬期待，又不必承受实际的痛苦。也因此，尽管有人用再多的理由去批评琼瑶式的爱情小

---

[1] 指对事物主观的执持。
[2] 佛家认为生命的苦痛颠倒系因众生执着一个不变的我所致。
[3] 指未能具有洞察的智慧，亦指生命本能的一些执着与冲动。

说有多烂,它却仍能继续吸引许多人。说实话,对于剧中的爱情观,一般是没人反对的,有异议的,往往只在人物的生活背景上。

其实从因缘法来看,很吊诡的是,琼瑶小说的问题并不在她所提的"如梦幻的生活背景",反而是在她将爱情"坚固化"了。剧中的主角对感情永远不变——就像《庭院深深》中的柏霈文与章含烟十年如一日般。然而,问题正在于没人是能如此做得来的,这与爱不爱无关。因为如此强烈的朝思暮想,一段日子后,人不是走向崩溃,就是在自我疗伤中逐渐淡忘。"十年如一日"是最不符人性的描写,但我们却乐于接受这种"虚幻"。问题是,这虚幻不仅不能解决实际生活中的爱情问题,还因不变爱情的想象,使人更加不能忍受其中必然的"变"。

时间,才是不朽爱情的最大敌人。如此说,并不代表爱情就不值得追求,对爱情的谛观并不在让"爱"如何在时间中保持不变,而是要如何随时间而涌现"新爱",佛家讲"随缘做主"的真意也即在此。"缘生缘灭"固是万法的真相,但以为终有离散而未能珍惜,生命就丧失了当下[1],在自以为不执着中反会产生一种佛家称为"断灭空"[2]的痛苦。真正的随缘其实是让每一当下的因缘浮现"作为唯一"的意义,恒久的爱情并不可能由执着"恒久"而来,它必得是种生活的创造。

---

[1] 人总是思前想后,瞻前顾后,却少能不假机心,直观地去体会现前的境界,能如此,就是活于当下。
[2] 有人执着事物的恒常,有人认为万事万物既是缘生缘灭就可以不谈意义,前者叫常见,后者叫断见,都是禅所不许的,而因断见使生命趋于虚无,即是断灭空。

应缘中的创造

"男女因误解而结合,因了解而分开。"大家都觉这话有道理,却少有人仔细去体会话中的误解是误解了什么,了解又到底了解了哪些。

许多时候,我们所谓的误解与了解,指的都是对所爱对象的认知。然而,这句话若只放在这个层次,就未免浅了些,更深地说,误解或了解的关键指的应该是自己对自己的认识:到底我们要的是什么?多数人对这其实并不那么清楚。

生命学问中,了解自己是个最中心、也最难解的课题。佛家讲众生的颠倒因于无明,无明何只是不解万物,无明更是对自己的不了知,就凭着一股"莫名"的本能而逐物。而人若真能明白了自己,与物、境及他人该有的关系固可了然,更甚地,那些先前必欲得到的,也才发觉与自己的生命原多不相应。

唐代百丈怀海在人家问到"何谓奇特事"时,所回答的竟是"独坐大雄峰"。这回答除示学人直取当下,直示朗然乾坤,说道人"不与万法为侣"——不依附万物外,"独坐"两字,正是"独坐自知",也意指对自我的掌握才是入道与否的关键。修行,在一定意义下,正是一种趋向"自知之明"的锻炼。

这样的观点放在爱情上更为适用，从初始的盲动转成最后的道别，许多人此时才体会到"我要的并不是这些"。不过，就生命或禅的立场，这还不够，有心人应该可以再逼问一句："我所要的真对我那么重要吗？"乃至"我真知道我要什么吗"？

不错，这句话才是使爱情可以存在于日常生活的转机。想想，茫茫人海中，你又如何能找到你生命中"应该"要的，而真遇到了，他（她）又一定会是你最好的选择吗？在这里，我们原有莫名的憧憬，这憧憬来自前期的生命，甚且是与生俱来，或佛家所言"多生熏习"的无明，这无明以自我为中心，但问题是，每个人既都是宇宙的唯一，他（她）又如何能完全贴合你所要的，于是对绝大多数的人来说，即便是茫茫人海中真碰到了自以为是的最好选择，最终总还是与预期有违，在此，每个人似乎都注定是爱情路上必然而永远的挫败者。

事情当然可以不必这样。生命的修行其实就是在承受中产生自我的观照与提升，万事万物既都在缘起，我们都在这缘起中"转"，关键就在"转好"或"转坏"，爱情要好就必须有"应缘中的创造"，舍此途，而以为可以轻易"抛弃旧爱，寻找新欢"，继续追求，反就注定成为永远的挫败者。

佛家所讲"随缘做主"的"随缘"，并非"逐缘"，而"做主"正在"应缘中的创造"。

以创造积累共同的过去

　　佛家谈因果，许多人以为是宿命的观点，其实这因果，主要在说明万事万物互为缘起的道理，其中，不仅没有否定自由意志的存在，甚且更积极地认为，由于因缘和合成就万物，因此，创造"好"因缘，即是众生所能为、所当为之事。

　　《了凡四训》中第一训的"立命"之学，是"相信"命运者所须读的。书中的主角袁了凡原被一异人批流年，无事不中，自以为人生早在定数之中。后来经"云谷会"禅师以：如此认命，"也只不过是个俗汉"而已，要其持咒正心，用"功过格"让自己去恶为善。袁了凡照之奉行，结果是命运大改，所以为子孙写下了这篇"立命之学"。

　　"命虽定，运可改"是"立命之学"的观点，说明了在因缘之流中，我们在承受因缘的同时，也在改变因缘。谈因果，识得此承受，也得谈及此改变。生命一定程度固是被界定的，例如：死生往往非人所愿，落于帝王将相或寻常百姓之家也不由自己选择，然而，生命的丰厚贫瘠、超越沉沦却全可操之于己。在此，客观条件之意义原可因观照之不同而改变，有人一箪食、一瓢饮，不堪其苦，有人却以为乃"天之将降大任于斯人"，有人追求锦衣玉食，以为不如此即枉费一生，有人却以为如此乃为逸乐所锁。而其实，意义的改变也必然导致实质的改变，所谓"相由心生"这"相"，何只是面相，它更及于生活相关之诸相，这些都将因一心之转而改。

立命如此，何况男女。识得缘起之理，知道"变"是男女常态固是最基本的，但仅仅得车之一轮而已。"承受"与"改变""缘起"与"创造"原须同时并举。因此在知道变是常态后，重点就在要如何变。所以说，对婚姻、对感情就须以"增上缘"[1]之心应之，让善缘增长。而不是一纸证书保证了，往后就任其因缘聚散；也不能说既然聚散无常，干脆就从不认真。

其实，没有变化、没有创造性的感情是难以想象的。想想，男女相恋，为博欢心所出的点子有多少？而生命的趣味不就在其中！？许多人喜欢说"婚姻是爱情的坟墓"，关键就在结婚之后，这个变化、这个创造性不见了。

恋爱时，因不熟悉，男女吸引更多地来自"互相发现"的乐趣，也因此，日日就在"增上"的变化。但生活在一起，彼此毫无遮掩，渐渐溺于惯性，乃成一潭死水，这时就须不断地创造互动，关系才不致枯槁。而能如此，那由爱情而生的亲情、恩情、一体感等，也才可能在两人间产生。

创造，使不同生命积累了共同过去，让两人生命有了共同记忆，却又不囿于这记忆。没有回忆的两人生活本不该存在，但只有共同过去的生活也可以结束，在共同过去中激出创造，以创造积累更多的共同过去，才真是识得缘起的真义。

---

[1] 缘分中对生命提升、道之观照有意义者，谓之增上缘。

爱情存在的真义（一）：裸露生命

　　创造新爱，在某种意义下，很贴近现代人所讲的，"去发现对方的优点"。这句话当然没错，但人之所以不能发现对方优点，正因多站在自我的立场，所以说，体得因缘法的真义，是必须认知到自己也仅是因缘中的一分子，在因缘和合中，彼此互为主客，没有谁能永远为"主"。有了这种认知，人对爱情就容易兴起另一层次的观照。

　　说需要观照，乃是因为很少事情能如爱情般让我们这般投入。而生命也只有在面对如此极限时，一个人才可能了解自己究竟如何。君不见，许多人平时对男女问题夸夸而谈，但事一临头，却多惊慌失措者、临阵脱逃者，乃至见色忘义者。禅宗讲："境界现前时，如何？"这句话最适用于爱情。爱情，正是生命现前的大境界，不在此观照，更待何时？！

　　在生命或修行的立场，爱情存在的一个增上缘，是由此乃有生命极限的面对，它让人无所遁逃。这点，对现代人来说尤具意义，因为，文明的发达已使人无时不被包裹在人为的保护中，住有钢筋水泥，出有豪华轿车，政治要求人权保护，经济要有社会福利，生命中的"真实"乃很难被真正体会，连友情、亲情都比以前薄了，而众生又怯于直视生死，于是，能让人受伤、裸露的，常就只剩爱情。以此，恋爱正就提供了一个让人真正认识自我的机会。

认识自我，其实并不容易，人往往须面临局限，才会返观自我。以宗教来说，死生这一大事，本乃"无常迅速"，是先天存在的生命"天堑"，但多少人却过一天算一天，直到事情"突然"临头，才呼天喊地。而修行人的不同，即在对此死生之事时时心不得安，所以会投下整个生命去解决。正如同禅宗二祖慧可见达磨[1]时，虽已是名满伊洛的学者，却宁可立雪及膝，自断左臂，为的也就是"求师将心安"。

死生之于生命如此，爱情何尝不然？人没有不贪生厌死的，人也几乎没有不渴求爱情的；死生无所遁逃，爱情也永远无常，难有永远的顺遂；一般人对生死往往能先不论就不论，爱情却难如此，它是我们主动且全神投入的追求，禅家的"境界现前"乃可以在日常出现，而其深刻却让人能"以生死相许"——姑不论这种根深蒂固的追求到底是源自无明或道心[2]。

正因这如死生般的深刻相扣，生命的实境乃能裸露。禅门过去有一知名的问答，人问云门："树凋叶落时，如何？"云门的回答是："体露金风。"亦即你从一般得失的角度看，树凋叶落是什么都没了，但生命到此也才能真正裸露，禅家有此观照，所以能"不与万法为侣"。这道理同样适用于爱情，多少人因爱情而成长，多少人

---

[1] 指菩提达磨，中国禅宗的初祖。内地写作"达摩"。在禅宗灯录，如《景德传灯录》《指月录》《五灯会元》中皆作达磨。
[2] 在宗教，是趋向大道之心，一般也指对生命超越的自我期许。

经此才真正认识自己。坦白说,在不同观点下爱情其实很难说有一定的成败,但人若能如面对死生困顿般,因之激发出对自身处境、自我局限的一些根本观照,则就算无缘获得真爱,这种成长也可让当事者无怨无悔了。

爱情存在的真义（二）：关怀生命

　　生命是自私的，佛家以此为"俱生我执"，亦即它是生来就存在的，"人性本恶"说正基于此，所以许多人做事，一句"人不为己，天诛地灭"，就让自己从许多道德负担中解套，到如今，它更成为许多人的信仰，压根儿不相信会有生命超越乃至圣者的存在。然而，在"俱生我执"外，佛家更说："人人皆有佛性"，亦即人人皆可成佛，在此，人岂只为自己而活，更以其他人乃至众生为念。

　　的确，生命都有向上向下的可能，没有生命的超越，人就只是被本能驱策的动物，而其实，凡圣常只在一念间，任何凡夫都具有潜能，而在日常生活中，这种光辉也不鲜见，其中，亲情是其一，爱情又为其一。

　　亲情的无私——尤其是放在母亲身上更如此，尽管在"孩子是自己的好"中仍有强烈的我执在，但为自己孩子任劳任怨乃至牺牲生命，却又绝对可以说是无我的。

　　母子之间的血肉相连，成就了这个我执与无我间的特殊关系。而在父亲或者兄弟姊妹身上，这种先天的连结就较低，我执与无我这凡圣之间可能产生的辩证关系也较难兴起，对亲情的领略就需要更多后天的功夫。

然而，爱情在这方面却是唯一可与母爱比拟的情感。虽然两造[1]间的关系在爱情中是全然后天的，但许多时候，我们之爱恋一人，却并非是经由长期交往所致，它往往只缘于先天莫名的冲动，让当事人自认"我找到了"，至于找到什么，只怕自己也说不清楚。但由这"全然在己"的冲动，他却能"问世间情是何物，直教生死相许"地为对方牺牲。

恋爱过的人都知道，在爱中，就怕没机会能为对方牺牲些什么。这种牺牲，也并不仅是为了由此才能拥有对方，常常只在希望能让对方晓得就满足了，而有些人甚至更可以不在乎对方是否知道这些事。因得不到爱而生恨的人究属少数，大部分的失恋者只是惆怅、遗憾与失落。更有甚者，不少人竟还能在这失落、遗憾中以祝福来抚慰、超越、开阔自我。这种付出而非一定要求回报的情境，可说已近于母爱的层次。

尽管，爱情的出现是后天的，但生命会这样地寻寻觅觅，却缘于一股无始[2]以来最本能的冲动，因此，乃可以产生出类似母爱的高贵情操。两者的差别则在母爱有如空气，受者往往视为当然，常浑然不觉它对生命的特殊意义；而爱情的出现，却必然要对当事人产生一定的冲击，不少人到此才感觉自己的脆弱，也第一次警觉到自己还具有无私奉献、关怀另一生命的能力。

除了母爱，爱情恐怕是促使自私冷漠的现代人，活得还能像个人的最重要力量。

---

[1] 原指具有法律责任义务的双方，男女，尤其婚姻关系，在任何文化都有其社会与法律的意义，故称两造。
[2] 佛家的宇宙观在时间上是无尽的，在空间上是无量的，因此称自来就有即说"无始以来"。

爱情存在的真义（三）：创造生命

从生物层次而言，性的盲动当然是为了传衍后代，但即使在动物阶段，我们也发现，性，绝不单单只是"基因交换"的行为而已。毕竟，动物会择偶，这"择"之一字，实已指涉了在繁衍上，动物作为族群一份子的身份，它既来自于前，又衍生出后，而族群正因这"择"字愈往后乃愈强。

在族群外，许多动物亦共同营"家庭"生活，我们不知其中"爱情"究竟占有多少比重，但亲情却是毋庸置疑的。而从动物到人，这"择"，这"家庭"，则又有了另一层次的转变。由于心理需求愈形重要，人终于出现"爱情"这个鲜明的人生课题，它与"性"共同交织出人在"择"、在"家庭"间更复杂的关系。

有些人可以将性与爱分开，性对他就像"饥来吃饭困来眠"般，是纯生理，或更直接讲，是纯"动作"的，而爱，则被认定是一种没法界定，属于抽象层次的东西；另有些人则将性与爱合为一体，认为没有爱的性是低劣乃至不道德，没有性的爱则是不够完整的。而在这两种极端的分合间，我们多数人却常只是在其中纠葛不清，时爱时性、有爱有性地被拨落着。

说被拨落，并不意指极端的看法就会令人自在。其实，会有性的盲动当然不只是因为我们需要快感，就像痛是为了提醒人疗伤，饿是为了让人进食般，快感正是为了产生后代。而爱情的功能之一，则是除了使人有完成"性"这生理结合的意愿之外，更多了许多其他丰富的人性考虑。有了这样的考虑才能保证两者基因的个性、频率相符，使创造出来的生命，在遗传学上所谓的"混血优势"外，还多了生命主体选择的优势（更何况往后这小生命还会得到父母的厚爱呢）。所以说，人类的进化，爱情的功劳其实不小。民间常以为真正相爱的人所生的小孩通常比较优秀，也就不是一种一厢情愿的说法。

生命的繁衍绝对不是只在时间之流中让后代继续出现而已，它原有创造比自己更优秀生命的意义在。爱情，实已让我们在不知不觉中做了这样的选择，这点常被现代人忽略。而识得此，对性与爱，我们就不可能将之当成不相关的两码子事来对待。

当然，性与爱能结为一体，从创造生命的观点而言是最好的。然而，在生命的转化升华上，精神的超越是个更为重要的指标。因此，一定要说没有性的爱是不够完整的，恐怕也还不真正了解爱情的真义。所谓创造生命，其实也包括自我生命的创造在内。

总之，从裸露、关怀与创造生命切入，爱情的意义才能彰显，而性、爱、生儿育女在此也就有了另一层次的关联。

失恋也是一种生命的福气

从主动讲，要找一个怎样的人来爱？或从被动说，怎样的人会对自己产生"致命的吸引力"呢？对这问题，不同的人当然有不同的答案。有些人认为，要能"相看两不厌"，对方就要跟自己具同样的特质，这种说法，主要是看到了人们生活总依于自己的惯性，甚至还有某种程度自恋的事实。不过，另有些人则认为，对方之所以能吸引自己，正由于他（她）拥有我们想要而得不到的一些生命气质，这种说法也具说服力，毕竟，原来没有的才会想要，不就是常见的心理吗？

其实，这两种看似对立的观点，在常见俗话里却被统一了起来。许多人说，我们追求适当的异性，就是在寻求我们失落的另一半，而也只有寻到了这一半，生命的圆才可能重现。这种说法，一方面既指出了会成为对象的对方，一定有我们没有的一些生命特质；另方面，两者既能拼成一个全圆，则在许多生命的周期、曲率上也必得相当才行。

只是，在此的问题是：对于自己是怎样的人，自己生命所遗漏的一半到底是什么，我们也不太清楚。于是，从自以为是地被吸引，到"因了解而分开"，许多人乃走了不止一遭，而在此的分分合合，每次的了解与其说是指"了解了对方",还不如说是"澄清了自己"。

从这角度来看,两性间的吵吵闹闹、甜甜蜜蜜就是必然的,甜蜜的是与我们同质的部分,吵闹的是与自己异质的地方。而成熟的爱,即是能将许多原该吵闹的地方逐步转化为自己欣赏的部分,这欣赏,不一定是关联实质行为的改变,更在彼此心理的调整,而无论实质改变或心理调整,生命就有不同,否则,爱情也就只能是找个依附或图个同病相怜罢了。

就因这圆的完成关联到双方,就因我们对自己及所要原不清楚,两性分手本质上就该无怨无悔,固然错认了对方,却澄清了自己。怎么说,生命都能由此而有得,惆怅、萧索虽难免,但"明白过日子"却使生命更实在。

有时想想,能恰好遇到可以携手同行的人当然得心存感激,得好好珍惜,但失恋,不也是另一种生命的福气吗?能观照的人,在此所得到的清朗自在,其实也常是许多甜甜蜜蜜的两情相悦所不及的。

给失恋人的一则公案

"失恋也是种生命的福气",这话是过来人的事后之论,坦白讲,对当事者"现实"的帮助并不大,我们顶多只能说,有了这种认识,事到临头时,应该会比没有好一些。

失恋时真正先要面对的,是如何从沮丧、失望里走出来。在此,通常有两种极端的做法可以选择:一个是用别的事物来转移心情,另一个则是干脆趁此好好去体会它。

转移,是我们用来对付不顺的常用手段。心理挫折了,就用生理来填补,许多人失恋后却胖了,就是这么回事,还有人不断地用运动来麻痹自己,使自己能累倒了就睡。而这些方法的共通点就是,失恋后生命反而会多了些东西——无论是肌肉或技能。只是,转移的另一面也就是逃避,下次再恋爱,难保不重犯上次的错误。

相反地,有些人一失恋就天地变色、日月无光,睡也睡不好,吃也吃不下,无论是甘愿相思,或不克自拔,总时刻系着那件事情,弄得形销骨立,不成人形。然后,突然有天,我们会发觉多数主人翁竟又开始神采奕奕,阴霾一扫而光,而少数的,我们或者就看到他喃喃自语,精神已不正常。这两端比起转移的那一类,一好一坏,但无论何者,大概就较不可能再出现重复的错误。

两类三种人中，那阴霾一扫而空的，比较像禅，禅说"不疑不悟、小疑小悟、大疑大悟"，他二六时中[1]既都在参着"缘何致此"的公案，虽然原先还在计较心[2]打转，将心置于此参，就有跳出的时候。

其实，失恋或其他事态中的挫折果真那么难超越吗？禅有这么一则公案：一个人掉下了悬崖，在千钧一发中攀住了树藤，他正庆幸自己能死里逃生时，却发觉有只山鼠正在啃啮他攀附的树藤，他想往下跳，又看到树下有只老虎张着大嘴正等着他，而就在这上下不得、进退维谷之际，寻找出路的他却瞥见旁边树枝上有一粒红澄澄、鲜艳欲滴的山果，很自然或不知怎么搞的，他伸手摘下了那颗山果放进了嘴巴，"啊！好甜啊！"

坦白说，多数时候我们的烦恼都因事事往牛角尖钻，"一波才动万波随"，乃无以解脱，而这"好甜啊"正是那前念已去、后念未来之际的"当下"，在这当下，谁能束缚得了你呢？生命的自在原从此得，失恋或受其他挫折者，何妨在此一参！

---

[1] 二六是十二，指十二时辰，即时时刻刻皆如此。
[2] 人习惯以概念认知事物，划清你我，彼此计较。

两「性」之异

有了"异",才有印证生命的机会

许多人常说"男女因误解而结合,因了解而分开",这话点出了一定事实,一定程度说中了恋爱的特质。

恋爱是透过两造的结合来完成生命的圆,但"以为"对方整个人或其中的某些特质是自己需要的,这"以为",就常无视于对方"真实的存在"。不仅单相思如此,即便两个互看中意的男女,最初阶段,也常只感于一种"来电"的感觉。

"来电"是混沌,所以有整体领受、身陷其中的兴奋与甜蜜,待得常在一起乃至共同过日子,真正的探索才算开始。而成熟的恋爱即是从混沌到明白,逐渐走向真实的过程:我自己要的是什么?对方实际又如何?自己到底能为这种追求付出多少?这些初期几乎都不清楚,坦白说,只能等长期或亲密相处,问题逐渐显现后,你才真"有资格"决定:是结合还是分开?

了解的结果原就有不同的选择,这选择是主观意愿与客观情境交参的结果。合或分,不代表一定的成败,重点还在:如果分,是否怨天尤人,伤害了对方,还是更了解自己的局限?如果合,是否能在两者生命相同处之外,接纳乃至欣赏彼此的"异"?

接纳相异是人与人能否长久相处的关键,男女尤其如此,两人在一起，既亲密又长久，其间任何小异都可能因此而扩大，任何一个小摩擦都可能因时间而深化。在此，你不能只想避免摩擦，亲密的接触既使你不可能视而不见，心理的压抑总会爆发。所以说，积极成熟的方式应是试着去欣赏对方属于自己所没有的那部分。这样，结合既不至于变成只是"多一个与自己完全相同的人"，也避免了因"了解"而导致遗憾的结果。

欣赏对方属于自己所没有的部分——包含对方原有的，以及因与自己在一起而改变调适的，生活的摩擦就可能变成一种趣味乃至甜蜜，两性世界的修行意义即在于此：彼此在其中逐渐发觉生命的"如实"，在一定差异下，体会生活的有机对应及超越之道。

所以说，恋爱、生活、修行对一个能观照生命的人来说，常就是同一件事，不如此，"恋爱的本质是浪漫，生活的真相在现实"，只有恋爱就会困于无明，只有生活就流于物化，必须有赖修行的心来统摄两端。

禅家常说："境界现前时，如何？"处在惯性的世界里，任何状况原就不成其为状况，要待有了"异"，生命才得以由此照见自己。两性间的吸引，正是让我们自发地去追寻"异"，从这体会出发，彼此的问题就会少上许多。

你能体会另一个生命在你肚中的感觉吗？

"两性之异"最直接的就是生孩子这件事！

没有结过婚的人很难真正感受到孕妇之美。本来嘛，一个人在短短时间内重了一二十公斤，且还是一副往前突出的体态，线条上要能说得上美实在有点骗人，何况伴随这线条还有身体的浮肿，以及动作的笨拙。只是，一种因期待生命所散发出来的光彩，却又绝对不是其他时候可以看得到的，而在另一半眼中，这，竟就是前所未见的另一种美。

结婚后的第三年，我也第一次领受了这种感觉，尽管在返观之际，很讶异于自己的转变，但也直到有一天，当我挽着妻"臃肿"的手在夜市散步，妻突然停下脚步，抚着大肚子说"他在里面踢我"时，我才真正体会到怀孕对男人另一层更深的生命意义。

"是啊！"当时我心想，"即便林某人你自负才高八斗、学富五车，任你自觉修行人须有将别人生命'感同身受'的能力，但你又如何去体会另个生命在肚里踢你的感觉？"单这点，男人对女人就该有永远而根柢的谦卑。

与其他生命如此"如实"的连结，正是男人生命经验中无法逾越的天堑。母爱为什么与生俱来，为什么女人能在危难中不顾一切保护孩子，女人为什么总较能去体会别人的心事？都与这独特的经验或能力有关。孩子是我肚里的一块肉，听来俗气，却就是这样的连结，多少人性的光辉才得显现，谈男女差异——尤其男人，就必须深切地观照到这点。

不错，任何事情在现象界中总有它长短互见的一面。怀孕让女人在生命中有太多的"不由自己"，也让不肖男人可以视其为"生孩子的机器"。然而，生命的自由绝不等同于甩脱命定的"包袱"，何况，我们一生中又有哪种生命意义能高于创造、期待另个生命的出现与成长？

谈不由自己，的确，多少女性主义者对女人生孩子的天赋总有那爱恨交加的情结。爱，因为这何只是天赋，它还是不可取代的能力与价值；恨，多少自由就因它而牺牲了。由此总难免有一份因"喜悦与不甘"交织而成的尴尬，似乎，接受了孩子就如同接受了男人的宰制。其实大可不必。

谈自由，禅门有这样一段问答：（严阳尊者）出参赵州，问："一物不将来时如何？"州曰："放下着。"师曰："既是一物不将来，还放下个什么？"州曰："放不下，担取去。"师言下大悟（《五灯会元》卷五）。一物不将来是自由，连这自由亦须放下，这是禅家打破二元对立的生命风光，寻常人也许难及，但一句"放不下，担取去"却绝对可予人参照。过去谈修行，我常举自己的一句"割舍即为智慧，荷担就是解脱"，正是这个意思。就女性自身，这自由与荷担原须一体而观，两性立场、女性意识的绝对意义更可以建立在这"男人永远不能"的事之上。

相对的，在男人的成长中，也只有真能体会到孕妇之美——这女人之为男人所不及处，生命才可能谈到真正的成熟。恋爱，也许能让男人返观自己，关怀对方，但老婆怀孕，恐怕才能让他真正体会到"自身所不及处"，以及"另个人存在的真正意义"。

当然，作为"人"，生命的意义不应只局限在创造另一个生命，但作为"女人"，就"生而为女人"一事作观照则与其从打扮恋爱、读书进修乃至谈女性主义想求得答案，还不如直接就去体会怀孕对生命可能的意义来得实在——即使未能生或不想生的人，也可在此做另一层次的观照。

从最深的触欲观照两性的差异

在佛家的观点,所谓人生智慧的成熟即在逐渐剥离生命中无谓的葛藤,而这些葛藤则都是由我们过度扩充自我导致的。以此,生命成长的实现,一定程度即系于我们能不能体认到自我的局限,也就是能否尊重其他缘起的存在。就大,你只是万法之一,在无垠时空,如沧海一粟,入山河大地,同一草一木;就近,你只是社会、家庭的一分子;而更亲的,则在男女之间你也只是两造之一要能接受另一方与自己的不同。

两性关系中,这种尊重可以先从男女先天"常有"的差异观照起。传统"男有分,女有归"的说法固带有强烈的制式观点,但其实也有它一定的体质基础。在此,体会两性的差异是一回事,如何处理这个差异又是另一回事。不少现代女性主义者常为了反对后天的差异宰制就连前者也一起否定,其结果恐怕只会让两性关系愈形紧张、愈形乏味。

男女间最基础的差异当然在"性",而"性",并不仅止于器官的不同,它还包含更广垠的意义。

从性"目标"的达成可以看到两性有趣的分野。对一个男人来说,要他只享受性行为而不达到尽管为时甚短的射精高潮是很难的；女性则不然，她们似乎较能"完全"享受每一段落的"完整"。性研究显示，有不少女性从未经历一般医学意义下的性高潮，却对性生活感到满足。这种差异使男人往往可以将射精前的那一大段过程完全"手段化"，甚至可以成为纯粹的肢体运动，而女人在此则常是"手段即目的"。如此，单一明确的目标既是男性性行为的特征，他当然就可以在嫖妓上得到满足；女性则不然，她必定要伴随更多的情感才能获得真正的快乐。（男女间另一性差异见《性曲线与爱》一文）

所以说，在"性"上，男人比较物化，女人比较心灵。然而，这个人性上的优劣，在社会现实中却常被倒转过来：男人由于较没负担，乃可以成为纯粹的掠夺者；女性的牵扯既多，就注定不好"挥一挥衣袖，不带走一片云彩"。

"性"上的这种不同特质也常反映在情感的处理上。男人为达目的，往往可以不择手段，甜言蜜语，赌咒发誓，十八般武艺样样都来，事后也能一朝生恨，郎心如铁；女人则常扮演痴情吃亏的角色。有人以为这种男女角色的差异导因于男尊女卑的封建体制，然而，事实真相在一定程度上恐怕应该说：体质的分野提供了这封建设计的基础。

了解这个基本差异，两性间的摩擦会少许多，而男性在此原该有他基本的谦卑，毕竟比起女人，他即使不是较"生物"的，也是较"分割"的。

"性"是肉体的直接接触，释尊在经中曾谈到"触欲最深"，这句话可以有许多层面的领会，对男女基本定向的了解，也可从此话参。

触欲最深,是指因"眼耳鼻舌身"五种感官而有的"色声香味触"中,要以触欲与生命的连结最深。这里,很有意思的是,愈能夸夸而谈,愈能结构分析的感觉,如眼色之形成美术,固能成为文化之大宗,它与生命的连结反而较浅;反之,愈混沌,愈难用字眼说明真实贴身感受者,如触欲、味觉,反与人连结较深。这种生命现象很能起人疑情,也所以,学者在学术研讨会上组织严密,雄辩滔滔,却可能因外地开会,水土不服——主要是触欲(整个气候、温度等)味觉(食物不习惯),即想打包回府。

在这与生命最根柢的连结上,两性既不同,要由此不同,求得彼此之圆满,岂非缘木求鱼!

女人，与其说是感性，不如说是混沌

从"和别的生命最直接的连结"与最深的触欲——性这两处切入，很可以洞察男女在生命不同层次上的诸多分野。传统的分法以为男人较理性，女人较感性，其实也有一定的道理在。只是，所谓感性、理性的内涵及其可能的矛盾吊诡，却必须经由自己的生命经验与观照，才真能得到"如实"的理解。

女人在触欲上的无明，恰可以相对于男性对视觉的依赖。许多实验都证明，在观赏 A 片时，男女会有不同的反应：多数男人呼吸转促、瞳孔睁大，有如身临其境，但女性的反应却冷淡许多，A 片的效果常还不如一个不经意的搭肩。这种不同，相当程度地形塑了两性的性文化，而两性在此的分野显然也并非如许多女性主义者所言，"完全"是文化强势形塑的结果。

触觉不像视觉，它是较难分析的，能形容触觉的形容词也不多，软硬干湿冷热松紧，总是这些，但对当事者，感觉却又如此直接而真实，它像看幅抽象的作品，谈不上画什么，但心理的感受却可以很实在。这感受又比视觉更贴近生命，正如几十年前，我抱着外祖母的遗体入殓，她软温的身子贴在我手上的感觉，现在每次想起，都还能直接浮上肌肤般，这贴近的真实乃成为永远的记忆。而性正是两个生命最贴切的接触，孩子在肚中踢她，更是完全结合在一起的触觉经验。

正因触觉全体直接，女人在此与其说是感性的，还不如说是混沌的。

这种混沌——说不上来却又清清楚楚，是女人所以成为女人的根本。比诸男人，女人往往具有一种直觉的能力，而这种能力，则不是感性一词在一般用法下所能涵盖的。愚昧的男人常只以为女人感性，却忽略了她那不假学习却能直取事物核心的能力。在许多事物上，男人讥笑女人短视，但男人在分析事物后，其实更该让女人就她的直觉下一断语——这在交友上尤然，因为常被朋友所害的，竟多是那些善于事前分析的男人。

除了直觉外，混沌的另一特质是包容。女人固常为芝麻小事计较不休，但有天她若将你纳入她的生命中，却就能体现出男人永远不及的包容。尽管这个包容在男人为尊的社会里常成为纵容男人为恶的帮凶，但人类社会的继续存在靠的恐怕也就是女性的这种特质。

在体会两性关系上，男人永远要记住：能尊重女人直觉的男人才是智慧，而能感激女人包容的男人才叫成熟。女人的混沌是男人永远必须去参的生命公案。

富于同情心，缺乏正义感

　　对男性而言，女人的混沌是魅力的来源，但站在女性立场，这混沌若缺乏观照——也就是说混沌太过的话，优点也将成为缺点。

　　真正的混沌含有一种直观，这种直观缘于对事物不做无谓的概念分割，就像人们遇事时所生的第一念，事后常证明就是最好的一念般，女人的混沌，使她"物来顺应"，直透本质。

　　然而，直观之外，混沌的另一面是感性。一般来说，男人如果容易被理论所骗，女人则常惑于自己的感觉，许多由生活而来的感觉由于太真实、太接近自己了，乃使女人既蔽于理性，也无法产生直观。女人在与姊妹们或其他人交友论事时，常表现出超乎寻常事理的洞见，但在自己感情上又往往一塌糊涂，明与无明间牵涉的就是这点直观与感性的分野。

　　因此，作为一个女人，对自己这个优／盲点的可能性就须有所观照，返观自己的感性是否太过。当然，这种观照指的是一种反省，并不是如男人所喜欢的，用既成理论来比附。而在返观上的一个重要切入点，则是看自己除了同情心外，还有多少正义感。

　　同情心与正义感，本乃同一种生命情怀，是对其他生命，"同其情也"的感受。然而它们也有差别，一般来说，同情指的是对特定对象的感受，正义则是在普遍事物上的原则。

感性的女人富于同情心是毋庸置疑的，但是否有正义感就很难说了，对贴身事物、街坊邻居表现出一定的爱心，对远方的不义却视若无睹，这是一般人的局限，但女人似乎较男人尤如此。

对可触可摸、及身而至的事关心，生命乃不致颠倒，因为这里有一份"真切"与"如实"在，所以禅斥概念，以为这正是使人抽离生命真实的重要原因。然而，正如天柱崇慧曾以一句话"万古长空，一朝风月"谈禅宗，中际善能以"不能以万古长空不明一朝风月，亦不能以一朝风月昧却万古长空"般，只这现前的一朝风月还不够，只现前，常就是女人的局限，因为，许多短视与蒙蔽就在这里产生。

如果不将同情心与正义感看成人格特质的两端，真实的正义即是同情心的放大，而这点放大，只能依靠时时的返观，生命的超越就在这两者的合一。在此，女人只看现前，是局限，男人只对远大事物才关心，则是虚浮；可以说女人往往能入而不能出，男人往往能出而不能入。

有人说："女人是只有同情心而缺乏正义感的动物。"这句话透露了一些真相，值得女人三思！

"焦点明确"的男人

如果传统所说的感性不足以描写女人的混沌，则男人是理性的，恐怕也是种误会。理性，意指人能合理而为，但一般男人的"理性"，却常仅止于为自己的冲动找些"合理化"的说辞而已。

相对于女人的混沌，男人则是焦点明确的，性的绝对高潮对他来说，往往可以明确到"就是把体液排出"。这与女性"享受整体氛围"的落差，常是彼此性生活无法和谐的主要原因。

"焦点明确"，从战争到事业，男人多因此而显现了相较于女人的优势，感情追求上也比女人不拖泥带水，较能"只见新人笑，不闻旧人哭"。严格地说，男人的薄幸与多情，其实正是他人格基底的一体两面。

也就是这样，男人可以猎艳，因为，打猎射击，正是从照门、准星到目标物形成一直线的运动，这正合于男人焦点集中的口味。只是，目标物一旦被击中，这个游戏也宣告结束，索然无味后，他又积极地去寻找下一个目标了。

有不少男人，尤其自命风流的男人，其实就是在这永远的射击活动——寻找猎物、举枪瞄准、开火之中，将生命糟蹋，让年华老去。表面上，他征服了不少异性，却始终无法跳脱出自己因本能所致的行为束缚。

当然，就如同女人的混沌有她长短互见的一面般，男人的焦点集中，也使男人在做事为人上，能散发出女性少见的光彩与魅力。不过，要能真正才情横溢、风流倜傥，就还须他对事物充满真正的兴趣与热情。而男人是风流或下流，则取决于是否能将对象内化成自己生命的一部分。就此，正如同女人必须对自己的混沌观照般，男人也必须自省于"焦点明确"的得失。

相对于女人属于触欲，男人则属于视觉。尽管"性"主要是触欲，但男人的性，视觉却占了一定比重。视觉是人类感官中最可被明晰描述者，也是所有感官中带有一定主导性者，有关它的论述最多，看来与人的关系最深，但事实也最游移，视觉上的美丑一般并不会如触味嗅乃至听觉上的好恶让人如许迎拒。男人在各方面都有视觉的特质，他的世界清晰，目标明确，而清晰，就因视觉世界上有明确的观察者与被观察物之分。以此，所谓"焦点明确"，从另一方面来说，即代表着主客分离，男人之所以善于说理，往往就缘于这种"事不关己"，而也就因主客分离，男人在抛弃对象时，也能郎心如铁。

当内心不安时，女人往往唠叨，男人往往雄辩，唠叨是沉浸在自己感觉中，雄辩是以说服对方来肯定自己，两者看来虽有高下之别，但其实只不过是混沌触欲与焦点视觉的差别，于生命问题之解决却同样都是无能为力的。

男人是"识于远而昧于近"的动物

相对于触觉必须近身才知,视觉几乎可以说是无远弗届。男女差异既关联于这两种感觉,在论事为人上,这种远近也就成为彼此的一种基本差异。

一般来说,男人是"识于远而昧于近"的动物,高蹈玄虚的理论常能引起他的兴趣,吃饭穿衣却总显得迟钝笨拙,远大的理念会让他全神投入,要他安分守己、自得其乐却极困难。所以说,"好高骛远"从来就是批评男人的最好用词。在感情上,它也使男人高唱"家花哪有野花香"。

当然,能远即代表着观照面较广,所以论述事情时,男人总较有系统,抽象思维的本领也较女人为强,但这种抽象却是概念式的一种抽象,与女人无以名之的混沌并不相同。以艺术来看,前卫、颠覆、实验、观念等名目都是男人的看家本领,总能说得头头是道,不过对作品"本身"的好坏,男人常又一片惘然,女人则恰好相反。在艺术上,男人常只能是个美学家,女人则是直接的欣赏者。

这种特质同样说明了为什么男人总是学不乖,因为,他比女人多了一项思辨利器,而在什么行为都可被合理化下,人又何必改过迁善呢?

正因这不必改过迁善，男人乃常成为永远的漂泊者，漂泊看似浪漫，但"年轻的流浪是浪漫，年老的流浪叫不堪"，"不许人间见白头"，多情的男人更是如此，有人这时才发觉原来那于情不悔的女人是可以停靠的港湾，静静存在、平实无华，却是温暖的家，可又往往迟矣！

视觉与触欲，这远近的不同使女人通常有同情心而无正义感，使男人常高谈正义感却缺乏同情心，所以对夸夸而言治国平天下的政客来说，他的修身齐家反而是最难见人的。"大德不逾闲，小德出入可矣"是典型的男人用语，"观人以微"才是纯女性的观点。

道家的修行者有句话说："顺者成人，逆者成仙。"意思是说，人如果只是顺着他原先的本性去走，顶多就只能是个凡夫俗子，但如能不受制于他先天的本性，就有成仙成圣的可能。在男女特质的观照上也如此，只有机巧的男人与只凭感觉的女人一样，都难有真正的魅力，而要结交或肯定男人，我们特别要看的，则是他对近身事物是否能有一点反省后的同情与关心。

性的迷思与超越

性曲线与爱

两"性"的分野除了表现在"触觉与视觉""焦点明确与整体混沌"的不同外,性曲线也是个饶富趣味的观照点。而中国古典黄色小说《肉蒲团》虽极尽诲淫诲盗之能事,在此倒有很透彻的见解。

女人水性,男人火性,这是《肉蒲团》的基本观点,以此"性"之一事,就如同在火炉上煮开水般:男人总兴匆匆,意在一时,如炉炭着火,霎时通红;而女人则如壶中之水,虽炉火炽焰,也只慢慢加温。

于是问题就来了,当男人过了火头,急速转为灰烬时,女人却正往高潮走,而即使两人可以同时达到高潮,男人也会由波峰瞬间跌至波谷,可女人则却如水降温般,要待许久才会回复平常。

两性的性曲线正是如此,男欢女爱,基本就不在同一时间点上,两性由此而生的龃龉因此并不在性无能或性冷感之下。毕竟,许多男性以为对方性冷感,其实是女性的准备时间还不够,而许多女性以为男性之无以为继,实在也因他已由云端瞬时回到现实之故。

然而,这种先天的不协调有否补救之道呢?通常,专家会建议男性前后戏要拉长,但这种建议就生理层次而言,对男人可说颇不人道,而如果要女性配合男性,猴急上马,草草了事,也违逆了女人整体感受的特质。换句话说，这些建议看似有理，其实并没有多少"实用"的价值。

然而，事物正是如此吊诡，实用层次的问题往往必须仰赖非实用层次的解决。生理问题的关键反而在心理，真正要解决这性曲线的不协调，就非得有感情的加入不可。也就是说，只有彼此间有了"爱"，人才能从这种先天的生理不协调解套。

"爱"是一种体谅、一种奉献、一种牺牲，在此，却是最逆己意的行为最可彰显自己的用情之真，很多爱情中的自苦，是当事者甘愿如此，正所谓"问世间情为何物，直教生死相许"。有了这种情感，人就能不完全受制于生理曲线，就会愿意牺牲自己配合对方，寻求灵肉合一的满足。"性"与"爱"对寻常人，其实正有着这样的互倚关系，纯柏拉图式的恋爱，很难满足一般人，而缺乏爱的性也无以维持两人长久的关系。

所以说，"性"的迷思不只在我们常以为它只是个生理行为，还因我们以为能够用"技术"来克服两性的差异。造物者其实在这里留下了一个引人观照的公案：为何在人可以"无时不性"的便利下，又"设计"了这种先天的"不协调"？而人既因心被触动就可无时不性，则这不协调的解决是否就更该从心理入手呢？

爱与性的合一

谈到修行，就必然带有一定的禁忌性。于宗教，禁忌的存在固然成就了仪式的神圣性，但更重要的，是因被禁忌的事物存在着与修行悖反的本质，也因此，不杀、不偷、不盗、不妄语等，就自然成为许多宗教的基本戒条。

然而，相对于这些"往下堕落"的行为或力量，具有最无明冲动的"性"，却在修行世界里扮演着极微妙的角色。许多宗教中，它被视为修行的第一号大敌，但有些法门却以之为向上的绝妙行法，而前者固视后者为左道邪教，后者也常直讥前者不识甚深法门。

不过，无论他们的立场如何，纯粹肉体的欢乐却总是被贬抑的。因此，即使在以性为修行法门的宗教里，他们最强调的仍常是"思无邪"是"空性"[1]（当然，困难也在此），而也由于"思无邪""空性"是较难征验的，遂给了骗徒可乘之机。所以，无论是站在"走火入魔"的顾忌或宗教风气的匡正上，过去行者总再三告诫信徒未

---

[1] 是佛性的别名，指能不受污染，又照见万物的本性。

可轻试"双修"[1]法门。

双修不保险，禁欲又难做到，而性的本质又如此特殊，并不完全能等同于吃饭睡觉，那一般人又该如何来面对呢？

针对此问题，许多宗教提出了"正淫"[2]的观念，以直接揭示什么情况下的性是被允许的。然而，这种做法仍难免被讥为存有太多妥协与伦理包袱的痕迹。

其实，要让性不妨碍甚至有益于生命，真有观照的行者，彻底的，是从此处返观无明冲动的能量及一定程度的不由自己，"观照正是出离的开始"，当了知这无明是如此无明，就不致完全随其攀缘。不过，这种观照、这种自主对寻常人似乎远了些，在此的一转，一般的关键在能识得性与爱的不可分。因为，有了爱，性的满足就能进入一种非纯粹生理的层次，而性能力的足与不足也就不能只用生理量化的指针来显示——许多人正是没有这种爱与性合一的认识与体验，才会永远处在性挫折的焦虑中。

提倡情欲解放的现代人，是不是就能较少免于性焦虑呢？答案恐怕是否定的。毕竟，性能力既随岁月而衰减，硬与光阴拔河的人，就永远是难堪的输家；而爱，却可能随着时间增长反愈加醇厚。

---

[1] 男偏阳、女偏阴，都不能成为完全的平衡体，双修的概念是让男多的阳予女、女多的阴予男，经交换后各自形成一个完全平衡的个体，它与性行为的观念不同，强调能量的交换，而非情欲的结合，但流弊极大，神棍更常以此惑人。

[2] 佛家指夫妻之间的性关系。

气机的交换

　　爱与性的合一，为去除"性"的挫折与培养"性"的和谐默契提供了可能。然而，这个形上的层面如果没有形下的相应，终究也空疏了些，而就修行立场，这种转换更只是做了一半。真实的情形是，我们还得在两性基本特质的"互补"上做些"实践"的功夫。

　　现代人谈性，永远在生理冲动的紧张与纾解上兜圈子，所以性在生理上，都是一种"分泌"，一种"释出"，但在过去的智慧里，性则是一种"交换"，一种"吸收"。

　　所谓的交换与吸收，其基点是体认男女的体质基本上都只是"道"的一半，借由性，人可以在生理上回到"完整"，同时，在这个生理完整的基础上，精神世界乃更有坚实广垠的开展空间。所以，中国人说"一阴一阳之谓道"，而"孤阴不生、独阳不长"，非得"阴阳和合，万物乃生"。不过，一般人在理解这些中国老话时，却总将"万物乃生"局限于生命的繁衍，其实，这个"万物"，是真真实实的"万物"——包含"自我生命的完成"在内。

　　在这种体认下，过去有些宗派乃发展出它一定的性行为程序，以达成男女，也就是阴阳之间的气机[1]交换，如此，性就不再只是一种生理的损失，还更是促使身体强健平衡的手段。

为了避免坊间所谓"采阴补阳"或"采阳补阴"的流弊，这种方法的传承常"不传六耳"[2]，但其基本原则通常是：一、前戏必长，因为骤然而来，于身心都有大伤，就像不先做柔软体操会导致运动伤害般。二、中间必得自然，其理与前同，至于男女生理曲线的不同则应以前戏来弥补。三、后戏亦长，千万不要办完事各走各的，冲冷水澡等尤为大忌，最好是在高潮后继续保持自然的"交合"睡去。

通常，这类有效的方法在性行为后，可以导致行者一段时间的"轻安"。所谓轻安，就是心里隐隐充满着一种欣喜，也因此，一段时间内乃不再有性的需求，"自然调解"了性的频率。这点，对人尤为重要，因为许多时候，我们之所以需要"性"，往往是我们"自以为"需要"性"所致。

"采阴补阳""采阳补阴"的说法在民间颇为盛行，但都缺乏正知见、正方法。有缘接触的人，必须注意到双方"两利"的原则以及是否真有"轻安"的勘验，才不致为其所害。

---

[1] 中国人以气为身心运作的根本，因此，认为"性"也可以是气的一种交换。
[2] 意指在两人之间传授，没有第三者知道。

性与道德的对话

从身心的转换而言,"爱"与"气"是修行人观照于性必得关心的两件事,提到道德就似乎太迂腐了,其实不然!

因为,爱之于性固然能让性不只停留在生理主导的层次,但爱,却也是个最抽象混沌的情感,既难以分析,往往就真伪难辨。许多人常爱得完全失去理性,更有人以自残来了却"爱"的折磨。

通常,爱就代表"拥有",以此,单靠自己觉得爱,就可以来个"性",其实还不够,你仍旧可能在自以为的爱情中折磨对方,你也可能以爱为借口做着性的不断转变与追求。而即便不如此,爱情的缘起性既如此之强,则如佛家"十二缘起法"中谈到的"因爱而取、因取而有、因有而生、因生而老死"般,男女既执着于自己爱的感受,反而就让爱很快地"老死",其结果是大家只能在一波波"爱取老死"的轮转中,逃避与啃噬生命的虚无。

所谓道德,可以是内在的自我期许或众人的共同制约,而即便前者,一定程度也缘于社会的规范。它看来不如爱般完全来自内发,但因有制约乃不会一下就陷于盲动,由此而能在"可做与不可做"及究竟是否以"爱"来包装"性"上作可能的返观。以此,道德的"制约"其实有其"限制"之外更积极的意义在。

当然，过去有关"性"的道德，有太多是建立在统治者权力角度或男性沙文观点上的，也因此，近世的解放过程其中重要的一个界定，就是看性在道德的框架下究竟挣脱了多少。而这种解放的确也使性较过去更还原于它该有的面貌。

然而，性毕竟是人世间极复杂的一件事，因此，单一的解放过程，最终结果却反而导致"人之异于禽兽者"真乃"几希"，离生命幸福的境界却似乎更远，许多人反而成了性的奴隶。

拥抱完全情欲解放的人，总将这种性解放界定在自由或个体的脱困之上，在此赋予它另一种"绝对的"道德意义，然而，受限于多数人的制约，或受限于自己的冲动，其本质之"受限"终究是一样的，既同样的不由自主，乃都不能导致真正的幸福。显然地，在这两极间，我们要有更丰富有机的思考。

过去，太多禁忌、道德规范固然禁锢或钳制了人性，反动于此，在西方乃有了人文主义的勃兴，可矫枉过正的结果，是肯定"存在的就是合理"，导致许多知识分子以另一种"解放"的道德之名遂行其欲，"超越"竟成为生命的笑话。但其实，生命也只有在受限乃至自我设限中，才有所谓超越的自由，对道德与性这两种"限制"都应作如是观，而也只有同时在这内与外、自与他、制约与冲动间作观照，人才更能清楚地知道自己的所当为。

性是可以转化与超越的

"性"是如此本能却又如此复杂,使得历史中的多数时候,我们都不敢或不愿去正视它。一部男女历史,有时正是"性"的扭曲史,而近代的性解放,就是想让性还原为性的一部运动史。谈人文主义,性的解放正是其中一个重要的指标。

然而,极致地体谅人的有限,常就否定了生命超越的可能,也为人的堕落找到了理由。于是,人在"性"之前的渺小,或者说"性"的重要乃成为新的无限上纲,似乎"顺性而为",即是人之为人在此唯一该尽的义务,而对所有在"性"上"不感兴趣或避开的",则直接武断地认为他们是"不正常"的。

坦白说,现代男女虽已逃开了过去"想当然尔须成家立业"的压力,却又面对了这种"你到底正不正常"的逼迫,最后,还是只好用实际行动——婚姻或不断的性生活,来证明自己正常,而如此"头上安头"的结果,却使得更多人受害。

其实,人的本能何其多,虽然不一定像性一般盲动,但有些则更为现实。譬如,"吃"就是其中之一,不吃会死,它比"不性"来得严重许多,而不喜欢吃则宁可不吃的情形固所在多有,为理想或因郁结绝食至死的也不乏人,这时,"性"到哪里去了?

更何况，人世间的许多执着，也常因特定时空的转变，或生命慧心的一转，而发觉跳脱与抖落竟可以如此容易。在此岸认为铜墙铁壁，在彼岸却觉顺理成章，这种事每个人身上都曾发生过，何独于"性"不然？坦白说，这个时代对性的最大迷思，就在认为性的不可超越上，有此前提，乃将性窄化为只是欢娱纵情的一种手段。而其实，"性"的转化与超越，原也没有一般人想象的那么困难。

转化是借由别种事物来吸引生命的热力，理想、嗜好、工作都可能发挥这种功用，而只要不是使生命向下的，就不一定会是一种"失"，反而，常因此而能有另外的创发。

超越则是越过了性主导的层次，再也不受制于它。假象的超越是生理的无能，真的超越有两种，一种系自体本身的"阴阳具足"，一种则是在缘生性空上，真正观照到性的无常[1]。

对同性恋的态度也有着同样的情形，过去认为它不正常，现在既一切"顺性而为"，乃直接认为对它的任何制约与讨论也拂逆人性，甚而以此而有以同性恋之性为不可超越者，由此到彼，同样都陷在迷思里。

---

[1] 万事万物都变迁不居，无有恒常，叫无常。

"精满不思淫"——自体的阴阳具足

这些年，佛教密宗在两岸逐渐为人熟悉，不少人也看过双身的佛像——为防惊世骇俗，在重要部位它通常都以红布遮了起来。其实，双修在宗教中并不罕见，所以要那么"神秘"，一方面是缘于外界在"性"与"道"上认知的两极；另方面，则缘于教内本身的立场，因为稍一不慎即会被神棍借用，流于左道。不过，这种神秘却也吊诡地给予了神棍另外的可乘之机。

双修理论的建基点，一般来说，就如中国人所说的"一阴一阳之谓道"，是利用阴阳交换的作为，使生命回复完整。原来，我们之所以寻求另一半，正因缺了这一半，而这一半，并不仅仅只是不同的人格禀性、特质，还直接地指涉阴体与阳体。

所谓"孤阴不生，独阳不长"，男人虽现阳体，却必内涵阴质，只是阳多阴少，反之亦然，就因这阴阳的偏倚才现男女之相，生命所缺的部分，也由此对当事人形成先天的吸引。而一般男女的结合在阴阳间却还只是有限的连结，只有真做到阳多阴少的男性予阴多阳少的女性以阳，反之，阴多阳少的女性予阳多阴少的男性以阴，彼此才能得到生命的完整，而到此地步，也才能如密教所举"转毒为智"，就由此，举扬双修者乃认为自己所传的是无上法门。

然而，先不论是否为无上法门，即以在弘法或修持、社会与个人上常发生的副作用而言，一般行者都劝人不要轻易尝试它。因为，就终极的圆满而言，每个人其实也都是本自具足、自体完整的小宇宙，许多生命的潜能我们所以未能开发，乃因为我内在的一些有机关系给弄乱了，只要调整了这些关系，阴阳就能在自体内相济，你也就能转凡为圣。

正如道家的修行讲水火、讲坎离般，这些外人看来莫名所以的东西，其实都在让自身所具有的能量相互作用，以成就完整的道体。而这种修行的具体效应则是"精满不思淫、气满不思食、神满不思睡"，也就是说，最局限人类的几个本能逐渐无法羁绊主人翁，修行人终至能"炼精化气""炼气化神""炼神还虚"。

正因如此，有过修行经验的人就会发觉，一般人怎么吃得这么多、睡得这么死、讲得这么满，原因无他，正乃生命缺得多，就要得多，"性"也一样。

在一般人看来，正常人应该性欲十足，但修行人看此却恰恰相反，性欲十足正表示你自体还欠缺太多。

能量是中性的，就看你怎么用它

对于欲望，或更深地说——本能，大多数宗教都以"节"或"禁"的态度对之，但也有少数，则以"逆"向操作来面对。以前者而言，佛、耶及许多宗教神职人员的禁欲及信徒须遵守的戒规都属之；至于后者，则在中国道家的修行中得到举扬。道家说"顺者成人，逆者成仙"，意指超越之所以为超越，正须逆"性"而为，而禁欲，还不成其为逆，它只是人为的"遏止"，那本能的蠢动其实仍在。真要逆，就要经由辟谷、服气、炼丹等修行，达致"精满不思淫、气满不思食、神满不思睡"，到此，你才真能超越本能的束缚。

然而，在佛教密宗里，面对欲望还另有一种态度（某些道家亦然）。密宗认为生命的痛苦来自有情世界的五种根本习气：贪、嗔、痴、慢、疑，称为五毒，而生命境界的超越本不能经由"消灭"五毒来成就，真正的大成就者是"转五毒为五智"的道人。

这种立场基本上认为本能所具有的强大能量是中性的，本能正如引擎的能量，节欲、禁欲就像刹车，而辟谷、炼丹则是另换辆车，但其实能量既是中性，行者只要掌握方向就好了，到此，能量愈大，成就愈大，"烦恼即菩提"正可作如是解，而如何运用能量则在行者一心之转。这种说法的极致甚至认为并不存在所谓不涉及能量的生命超越,毕竟,你又如何能想象一个心已如槁木死灰的人,可以应对生命的"境界现前"呢?

用这样的观点,我们再回到"婆子烧庵"的公案:昔有婆子,供养一庵主,二十年,常令一二八女子送饭给侍,一日,令女子抱曰:"正恁么时如何?"主曰:"枯木倚寒岩,三冬无暖气。"女子举似婆,婆曰:"我二十年,只供养得个俗汉。"遂遣出,烧却庵。在这故事里,婆子以遣僧烧庵,透露了在"严持戒律"与"枯木倚寒岩,三冬无暖气"之外还应该有的选择。这选择,在禅有禅的切入,在密有密的观照,但涉入即使不同,基点却一样,那就是,"性"其实是个生死门:人败,常败在此,而成,也可以成于此。

在过去社会里,"性"曾长期被禁制压抑,到现代,它则变得比要不要喝白开水更没负担。从真实修行的立场,这种纯道德或纯生理的"性",并不能让人活得真正愉快,因为,前者忽略了人之所以为人的平凡面,后者则又把自己推向了与动物同流的境地。

然而,面对这种情形,我们又要如何来拿捏呢?难道必须一面遵从道德教训的"不邪淫",一面遵照医生的指示"平均多久来一次"吗?显然,在拥有愈多性知识的现代,多数人其实并没有更多的能力来面对性。

密宗谈人的习气是贪、嗔、痴、慢、疑,觉者由此转成的智慧则为妙观察智、大圆镜智、法界体性智、平等性智与成所作智,习气与智慧,原是一种能量在不同方向的展现而已,关键就在你是以无明还是以道心应之,而在此它则有一套"开遮"的理论与行持。例如:你能"遮"掉离间、嫉妒之疑,其原有能量即"开"为能令诸法成就的"成所作智"。但即便不就此修行理论而言，在世间法上，你也可看到：贪小名小利，贪是负面，但如果将贪——一种企图，放在成就诸方上，你就仁者无敌；痴是对事物的依恋不明，但这心理若善加利用，你对所关心者就能够有别人不及的观察。

谈性，原可以不只是单纯的迎与拒，这能量转换所透露的恐怕才是个中最重要的讯息。

不只是几克蛋白质与维生素而已

"性"与精气神的关系是许多修行法门的观照重点，其间的观照与现代生理学、医学的看法存有相当差距。现代的观点总认为性行为的"耗损"，离不开排泄物上可以客观分析的成分，所以对男人而言，就是损失了几克蛋白质与维生素，而在女人，有时连这点损失也称不上。

按这种说法，性行为永远是"得大于失"的事，用少量的分泌物换得身心的大松弛，真乃何乐而不为！因此，所有的节欲说法只能是宗教或道德钳制及扭曲人性的手段。但果真如此吗？

把"性"当成纯生理之事所可能引致的弊端，我们上面已经谈过，但都从心理或人格上所可能产生的影响立言，其实，就身体来说，将"性"的消耗只视为是少量可见的生理"损失"，也是有问题的。

有过较深坐禅经验的人都晓得，在性行为后精神统一会较平常打上不少折扣，这点，并非几克蛋白质、维生素，或因过度放松难以再聚精神所能解释的，因为这个感觉的持续性显然超过从上述生理消耗再回复到正常所需的时间。也就是说，"性"，除非是"满则溢"，除非是"阴阳气机"的交换，否则，它对精气神的统一饱满就有一定的破坏性。

正因有这破坏性,道家修行才会强调童体,而已泄之人,就须透过一些功夫如"百日筑基"等,重新让生命回到先天的完整,否则所做的修行,就如引水入漏斗般,是无以积累、徒劳无功的。

以此,对性我们总有着这样的两难:过度节制固会导致生理、心理的焦虑,而视性为"快乐的行为",又很容易掏空自己的身子——要享受性生活,而不老得快,在修行来讲几乎是不可能的,除非他后天能得到其他方面的补救。

因性而精气神涣散的感觉也许很难为目前"分析""解剖"观点的医学所承认,但就像气机的存在或中医以"金木水火土"谈身子般,却有其实践上的有效性。因此,修行人节欲或绝欲——无论用的是哪种方法,其出发点也就不止于狭隘的道德层次,而是基于一种"现实性"的考虑。当然,这种考虑仍只是就"有形的能量或躯体"来说,佛家谈"性",更重要的,还在行者透过对这强烈本能的观照,看到生命深深的"不由自己",在缘起性空中不为所执,乃得解脱,总之,这是个"生死之门"。

从生理的解放、气机的交换到灵肉的结合,从有形、无形的得失之辨,到"生死之门"的观照,"性"在生命中所能扮演的角色可谓错综复杂。而行者与一般人在此的不同,倒不在他究竟以何种方式对应,而是根柢上他是否能将之视为生命的一大公案来参。

美好而非高潮

"性"是修行观照的公案,对一般人来说,或许陈义过高,不过,如果没有一丝丝在此的用心,则"性"之于人,即使非毒蛇猛兽,也将成为生活的困扰之源。这种说法绝非危言耸听,也非道学之论,想想看,有多少人就是永远为了"性高潮"的追求,而焦头烂额,上下不得!

"性"是两性的行为,性高潮因此也涉及两面,一种是自己能不能达到高潮,一种是能否使对方达到高潮。不能做到前者,许多人会感到挫折,不能达到后者,则更事关"尊严"。为了不丢掉面子与里子,强势的男人就轻易地相信各种偏方,千方百计地使用各种伎俩,而弱势的女人就没那么方便,只好装装样子,骗骗男人。就这样搞得大家紧张兮兮,却很少有人会(或敢)去想,高潮——尤其是生理学上的高潮果真那么重要吗?

从焦虑／松弛的模式来看,高潮当然重要,但每次一定要把弦绷到最紧,弦断了才叫放松,也把问题看得过于简单。其实,更重要的还在进行节奏的曲线与整体氛围,有了这些,即使没有惊天动地的高潮,当事双方也会感到美好。

"美好,而非高潮"才是成熟人在"性"上所该标举的。在此,有"性"也有爱,有肉体的体贴,更有"同其情也"的包容。"性"的接触是两人亲密来往的"自然"结果,不是只为"高潮",而成为与日常完全割裂的一种行为。

不错,"性"的暧昧、焦虑多来自它的"不自然",一种割裂于整体生命氛围的不自然,一种物化自己所引发的不自然。这种不自然最终甚至会造成"性"的倒错与侵略。毕竟,只强调高潮将导致对刺激持续的扩充追求,可这种追求却也最容易在固定形式中弹性疲乏,于是,为了寻求再次达到高潮,许多人就以各式各样的倒错与侵略来刺激自己。

在这里,我们看到了另一层的"吊诡",现代人谈性既要自然,又要高潮,但常常,顺乎自然并不能达到"想象"的高潮,为了想象的高潮,又常常倒错、夸大了性行为,最终,自然乃不再是自然,人逐物而为,只能劳神顿形、心力交瘁。

性高潮的确是人类感受中较独特的一种,谈性,当然须谈它,但前提是必须以有机的观点来谈,而"美好",正可以是取代高潮的一个字眼!

高潮的迷思

从前,谈"性"已是罪恶了,何况高潮!但现在,"不要性骚扰,只要性高潮"却成为时髦口号。然而,钟摆一下由这头荡到那头,事情其实并没能得到解决,别的不说,高潮的迷思就依然如旧。

迷思之一,是以为"性"必得在达到高潮后才叫完成,结果导致了男女双方许多不必要的焦虑。

高潮是一种生理现象,专家可以告诉你其间的一些生理特征,这种特征的达致须有一定的条件,并非每次都能如此,将目标悬在这里,甚至以此检验自己的能力与魅力,反而导致了更多焦虑,何况高潮还是两个人的事,要彼此同时达到这短暂而极致的生理现象,也有其困难。

迷思之二,是太相信高潮在松弛紧张上的功能。其实,是累了,还是放松,许多人从来就不曾搞清楚过,所以,有人为了消除工作的紧张、生活的压力,而夜夜春宵,结果却更加地累。这种"性",只能说是用另一形式的消耗来取代原有的紧张。

就后者,道家修行中的"满则溢"观念值得我们借鉴,这句话用在"性"上,表面是说:精满了,遗精是正常的。但其背后则更意含:也只有在精满之后让它溢出,才能达到调解身心的效果。精满，如果不让它出来，人会亢奋焦躁；但精未满，让它出来，就是另一种转移性的消耗，会使身体掏空，这种掏空是在精气神三方面的同时崩解。

当然，要待精满才让它出来，并不容易，因为人与其他动物的差别就在这里。动物常有一定的春情期，一段时期的储备就在此"满则溢"，所以从来没听说哪种动物会因乱性而伤身。人不然，"性"在人身上，多了许多想象空间，多了许多心理层面，于是只要遇到刺激，甚至自己动念妄想一下，"反应"就来了。而"性"的刺激正如许多刺激般，既容易让人产生依恋或依赖，因此，能自然调节的为数就少。

调节的建立，往往必须依赖生命中其他的寄托，"饱暖思淫欲"这句话是不错的，但外表的饱暖终将导致身心的贫寒，在此，精神上的追求正是一种对治身体妄念的调节。而如果能不以心逐性，待其"满则溢"，就有机会感受那种办完事后，不累且神清气爽的感觉。这种"溢"，通常都不是在激情忘我的高潮中发生，"性"与养生乃自然合在一起。

"满则溢"虽说谈的是男人，对女人也适用。当然，两者的曲线要如何配合是个问题。而要提醒的一点是："满则溢"是对一般人所讲的，在道家修行中，道人是"炼精化气""精满不思淫"的。

人对"性"向来都是严肃的

在这讲究自由开放的时代,若将"性"当成严肃的事来看待,总不免要被人讥为冬烘保守。但事实却是,即使是最开放的现代人,内心对"性"往往也还潜藏着必须"严肃以对"的态度。

举例来说,很少有男人会不在乎自己的性能力,也很少有女人甘愿被视为性冷感,而如果,"性"的取舍就像我们爱吃咸爱吃甜般,可以随意因人而异、各取所需,那又何必在乎别人认为我们"性"力是充沛或不足呢?

可见得,再怎么开放,"性"毕竟不同于吃饭睡觉,它永远与生命的自我认定相关,而所谓的"自由开放",也只不过是换个方式来检验性能力而已。

在过去,为了逃避赤裸的检验,人,尤其是操控社会的男人,总会设计许多机制,来证明成功者必定是个性力旺盛的人。所以,达官富贾明明性无能,也得三妻四妾,其中的缘由并不尽然因他们都是"虽不能至,心向往之"的好色之徒,主要更在由此证明"我是个比别人性力旺盛的人"。

然而到了现在,许多过去为"不行"男人造假的机制因自由开放、两性平等都解体了,男人愈显得恐慌,只好更赤裸裸地去求诸外在的辅助。因此，现在的情趣商店生意好，与其说是因为现代的男子更晓得享乐，还不如说是，因为社会的改变已逼得他们"无所遁形"。

男人如此，女人也好不到哪里，过去冷感，可以被以为是圣洁，现在冷感，就是罪过，所以在女性解放的现代，我们却发现她们由于怕在性力上被比下去，所花的"非理性"作为反而更多，情趣商店的女性主顾乃不亚于男性。

性吸引，在过去有道德礼教的外衣掩盖，现在赤裸了，你就不能逃避在此的检验，性于是不只存在于两人之间，它既可公开论之，乃常成众人之事，最后就搞得大家整天焦焦虑虑的。谁说"性"自由开放了，我们就可以轻松地面对它？

由此看来，"严肃"终究还是人对性的最"自然"态度，因为它实在是太本质又太特殊了。因之，人到底是要"严严肃肃"地去"丰胸隆乳"、去"抹油填珠"，还是要"严严肃肃""老实地"看到自己的局限，去反省人与人之间该有的对应，乃至性超越的可能，就不言而喻了。

也就是从这与生命认同有关的严肃面上，我们才更能体会到为什么"性"既可能是堕落的力量，也可能是向上的能源。同时，在许多宗教里为什么既会有不少假借修行、行其恶事的淫棍，也会发展出以"性"为生命观照核心修行的法门。

性是生命的一大公案

前面提过，爱情是人类诸多情感中最具缘起特质的，所以如此，实由于男女的分隔或吸引，本来自最盲动的一个本能——性，而男女之间问题会这么多，也就因大家都顺着这个本能走，忘记了在其中加上一点观照所致。过去修行人所谓"顺者成人，逆者成仙"，相当程度就是对此而言的。

顺"性"走，"性"很容易只是个人的满足，对方也就只能成为一种和合的工具；对"性"有观照，事情才容易回归缘起的基点，这时，满足或不协调就不再只是个人之事。毕竟，任何事要开花结果，都牵涉它是否因缘具足。当事者由此契入乃较能返观自己在这方面的短处，或至少发觉问题的解决其实还有许多可以相配合、相协调的地方。

当然，作为"广义"生命修行的一种资粮，对"性"的返观还有它更本质的意义。毕竟，在人的本能行为里，它可能是最冲动也最核心的一环，从这基点反思，许多事情就能有不同的发展。

举例来说，"性"，以最直接的方式示现了生命的有限性，能在此观照，其实就在照见最深的无明，而即便不能由此解脱，能深切惊觉这种"冲动"的来去常是我们无法克制或莫名所以的，人就更容易去体会生命的不自主，对别人也较会起同情心，不至于动不动在己就"起心动念"，对人就"礼教杀人"。

由于这本能是如此的直接，在"性"上，也最容易映现无明在生命中的"如实面"。常见到不少道貌岸然的修行人最后却过不了这一关，甚至形成欺世盗名的分裂性人格，说穿了，都因缺少在这个"公案"上的真参实修所致。

针对这问题，不同法门有不同的解决方式：有些人把它硬生生地压制；有些人采用了移情手段；有些人让它来则来、去则去；有些人干脆借由它做生命的转换。但无论怎样，如何能不被"性"的本能牵着鼻子走，却永远是生命中的"大哉问"，因为，它正是勘验生命"能够"有多大自觉或自主性的一个关键。所以在三十年前，笔者曾以最认真的态度问一位修行的师兄："修道人的性生活如何？"他回答的第一句话则是："你扣到了事情的核心！"

把"性"当成生理的紧张及松弛是浅化了"性"，只把它当成男女间的分野及互补也还可惜了些。它即使不像因缘法般是一切事物的本质，却是切入因缘、观照无明的重要着力点。禅举"运水搬柴，无非大道"，意指对道人，生活的一切即是道心的直接体现，而凡夫，也可从日常契入大道。这生活的一切、这日常，当然也包含"性"，更何况"性"又如此地令人不由自己，所以，对芸芸众生来说，若"无缘参禅"，其实也仍可就"性"而参！

我写这"一个禅者眼中的男女"时，曾有不少人好奇地问："禅者也谈男女，也谈性？"我的回答则是："若有一事，禅不能及，那禅也就离道了！"

破除心理迷思，不难有性的超越

生命的观照总得兼顾身心两方，性也一样，何况它有那么强的体质基础，但也正因如此，乃使得多数人总在狭义"性能力"的强弱上打转，以为只要体质强了，人就可以驾驭性，却不知如此反而就给性拨弄了。

与爱情一样，性的缘起性其实极强，一般人身子累了不想，遇不对头的异性不想，做过了不再想，甚至不喜欢的身体线条也不想。从这里要观照它的"不实性"并不难，毕竟，不像 A 片中的男女，绝大多数的人在"性"上总有自己要求的条件。所以说，"性"虽是本能，依他性却极强，主体并不如想象中的坚实。

的确，坚实往往是人类的想象，"性"对大多数的人所以如此重要，主要还因我们先接受了非它不可的观念。

在"性"的缘起上，人的确有着较动物不一样的特征，大部分动物都有所谓的春情期，离开了春情期，就不会想到"性"，但人不然，在青春期之后，只要想，几乎是可以"无时不性""无地不性"，就因这样，许多人更认为性的超越近乎不可能。

然而，人的"无时不性""无地不性"并非缘于身体机能的可堪耗用，人与动物的不同，就在于人对"性"是可以想象的，想象引致刺激，是人最不同于动物者，所以说，性的心理面其实并不亚于它的生理面，许多色情犯罪并不只因为身体的冲动，更由于心理的想象。

心理的想象可以让人沉溺于"性"，心理的转折、超越当然也可以减弱乃至转移"性"。从"爱"可产生"性"的超越，这爱不只在男女之间，对孩子的爱照样能让"性"上无足观的两人觉得生活美满，觉得对方是自己生命不可分割的部分；而在爱、家庭之外，许多人从艺术、文化、宗教乃至其他志业成就大可悠游的心灵世界，"性"，甚至只成为生命边陲的一环。

当然，"性"对生命的驱策力是建立在它繁衍物种的基础上的，所以也有人认为许多事物的移情、超越仍只是这个能量的转换而已。但先不论万事万物是否都须归诸"性"，现实上，一个本能冲动已不以那种无明之姿出现，就可谈及人的自主。

的确，人对"性"的需要，常是自己吓出来的，能从这层心理观照，就容易超越"性"。以为只有靠着纯粹的压抑才能克制"性"，固然简化了"性"，但"自以为性该如何"所造成的压力，同样也是简化了"性"的结果。

在教禅修行时，我常以一些坐标让学生观照自己是否道心增长，其中一个基底性的参照则在：生命原是身心的和合体，在此，道人"心大于身"，凡夫"身大于心"，前者行事是"从心到身"的逻辑，后者则是"从身到心"的逻辑。而在"性"上，凡夫所以受拨弄，正因太多我们对"性"的态度，都是"从身到心"的逻辑，都太偏向"性"的生理面，却不知，破除心理迷思才真是"性"超越的关键。

解读外遇

要有来自"异性"朋友的印证

传统社会两性的分野截然,要有个纯然的异性朋友,不只现实中不太可能,即使在理念上,多数人也不敢"造次",而"可不可能有纯然的异性朋友"也一直是大家感兴趣却永远没答案的问题。

"男女间有没有纯粹的友谊",在禅,这是个虚构的问题,大家把焦点放在有没有,其实"纯粹"两字才是关键。人类的感情何其复杂,纯粹常就是一种想象、虚拟,以想象、虚拟来印证自己,是自己设个牢笼把自己困在里面,君不见许多男女原来自自然然好好的,一回想起是否纯粹,就不自然乃至暧昧了。

然而,会有这问题,大家对这问题感兴趣又如此困惑,正凸显了"性"在两性间的关键地位,它确是人在思考人际关系上的重要基点。然而,就如同修行所常强调的,生命的自由即在摆脱本能的束缚,人类的许多作为乃至一定意义下的文明发展,其实也在从这先天的缠缚中解套。因此,企求有一生命中的异性知己,也可视为人类想摆脱烦人的两性关系所"自然"生起的一种愿望。

然而,这种愿望并不容易达到,抗拒或超越两性的生理或社会分野从来就是件困难事,"好的异性"要如何与"好的另一半"分别?坦白说,强作分隔,也可能只是理念上的游戏。

不过,这种说法并不意味我们不该"奢求"有些异性的好朋友,因为那违反人情之常，更何况，这样做其实对"正常"的两性亲密关系有帮助。

两性亲密关系的扭曲，一定程度乃由于彼此不了解对方所致，这种不了解，过去常来自一些文化的禁忌及观念的迷思，而在目前的开放社会，则多缘于男女爱情"游戏"的本质。

说爱情是游戏，并非指它是件可有可无之事，反而是因为重视对方，里面乃充满着彼此相互探询、患得患失、非将美好一面摊在对方前的许多作为。真真假假、假假真真，两造之间的趣味固由此而生，误会也因之而来。"平常心"三个字，在这里最为欠缺，"由误解而结合，因了解而分开"，虽非真理，但也相去不远。

在此，如果有异性的朋友，我们就比较可能了解另一半，可惜的是，多数时候，大家却是哥们儿一群，姐妹们一堆，彼此在圈内相互献计，结果搞得"天下本无事，庸人自扰之"，两性社会瓜葛与矛盾的存在，这多少是个关键。

当然，许多人会担忧好的异性朋友终将变成亲密的男女朋友，但两性亲密关系的维持本就不该以环境的封闭来达成，这类想法其实是贞操带的现代版。毕竟，真正"了解"之下的离开，绝对是比"误解"之下的结合还好。

开放的婚姻，并非泛爱滥性，毕竟，只有在开放状况下维持的关系，才是真正的关系。禅总讲"境界现前时，如何？"意即状况来了，你才知自己是几斤几两，才知平时修行是否得力；两性关系也如此，"异性朋友"关系的维持，对两性亲密情感既是种针砭，也是种历练，更是种必须有的印证。

外遇的"自然"属性与文化观照

提起异性朋友,相关的一个话题就不得不提,它正是许多人关心、害怕,又感兴趣的"外遇"。

从人性的基础出发,"外遇"其实是最"自然"不过的现象。因为,人的伴侣配偶再如何慎选,总难免囿于一时一地的决定。这个决定,即便不是过去的父母之命、媒妁之言,系自由恋爱而得,但其中,仍多的是妥协性的——虽不满意但可接受;冲动性的——因特殊情境而选择;"所知障"的——自以为需要的正是这种类型。而即便不受限于这几种,是颇为理想的恋情,也可能因时间而褪色,因更理想的出现而变心。追求,原有开放的本质,外遇自然就如影随形地跟来,因此,赞成顺性而为的人,自然会认为不须替外遇扣上不道德的帽子,反而会认为批判外遇是不道德的。

外遇是否该批判,其实是个文化问题,而几乎所有文化,对它都有一定的制约,究其原因,则因它会动摇社会根本。毕竟,人际关系的紧张、下一代的定位与教育问题都将随之而来,而个人,也常夹在这顺性与逆性间,彷徨、焦虑、左右为难。

当然,现代社会开放了,外遇问题来自社会的压力已少上许多,但它对个人的困扰却不曾稍减,因为,个人意识的抬头虽使它免于过多制式的批判，但相对的，除开忠贞的背叛，这心理与道德的问题外，常带有往外、优势、具侵略性的男性，最先顾及的更是面子问题，而传统社会中受压抑的一方——通常是女性，更不甘沦为情感的牺牲品，新一层的紧张于焉诞生。谈起外遇，那个又欣羡、又害怕的情结也就始终如一。

其实，每个时代对外遇的态度固有其主调，但外遇在任何时空却从来就不只一种类型，而在个人生命的感受、成长上，也必得对不同的外遇有其观照——而非制式的社会反应，才能真正面对生命的这个困境。

人的感情是复杂的，每个外遇正像每个家庭，可以说都是一个个不同的个案。而所谓"个案"，就是"清官难断"之事，"解铃还须系铃人"，在外遇上更是如此，别人帮不上忙，只能依赖当事者的观照。

不过，外遇固属一个个不同的个案，我们多少也能以几种坐标来试着掌握它。

在观照外遇上，可以从下面几点来切入，它们是时间、层次、公平与善后。

所谓时间，许多人从忠贞角度在意的是外遇的长短，但更应观照的是：它的发生是在生命的哪个时期，是少年十五二十时？是徐娘之年？还是黄昏之恋？而对象又属于哪个年龄层？

所谓层次，指的是暗恋，是精神之爱，是灵肉一体，还是金屋藏娇，包个"人"而已。

所谓公平，则是出轨者原来对此的态度如何，会不会厚己薄人、双重标准，就像过去典型的中国男人一般。

而所谓善后，则是如何补洞。这个洞包含对人对己，包含物质、心灵，是卑微生命能有其不卑微的地方。

这些，且让我们慢慢道来。

不同人生阶段的外遇

禅者常有"识得时间的奥秘,即是大悟底人"的拈提,过去中国也有"圣之时者"的说法。时间,确是我们穿透虚相、掌握真实的一个关键。

任何事物不离时间的制约,因此佛法说"生住异灭"、说"成住坏空"[1],缘起法的观照就在时间,世间的事物缘起缘灭,两性的情感更是如此,所以我们一再提及,"爱情的缘起性最强"。

缘起性强的事物最经不起时间的磨洗。因此外遇或移情别恋,与恋爱、婚姻间,必然是孪生的关系,谈恋爱即得谈移情,谈婚姻即须谈外遇。而外遇的观照,更必得先由时间的坐标切入。

外遇可以有各种不同形式,更可以发生在任何时间。少年十五二十时,年少轻狂,这时虽一个换一个,心性未定,且许多人还未结婚,谈不上多少外遇,捅的娄子通常也不大。然而,四十岁之前虽曰青壮年,那颗心其实与少年相去不远,并不曾定下来,加以时间又扩大了现实与理想的落差,外遇就随时可能发生。五六十

---

[1] 万事的变迁,在生命叫生住异灭——出生、表相的安住、外相明显的变化、到死亡。在宇宙也一样,称为成住坏空。

岁，生命已到转折成熟的阶段，按理说，可以免于外遇，但实情却是慌于老去，总想把握最后的一线青春。而六十以上，返老还童，在感情路上虽常无力作怪，但容易为境所转，也并不逊于少年——只不过这时愿意与其外遇的人就少了。

虽然每个时期都可能有外遇，但外遇在每时期所代表的意义却有不同，自我反省及处理方式也须有所差异。

二三十岁的外遇，一因性未定，一因理想高，对现有婚姻原容易后悔，因此有外遇就轰轰烈烈，往往一下子就结束了一段婚姻，其结果也常形成模式，"再换一次就会找到理想对象"的人还真不少。这时期的观照，或者可多想想自己"从自以为是到后悔"的前例。事缓则圆，"少时戒之在色"，其实不必怕外遇，但就怕外遇变成行为模式、人格特质，到时害人害己，一生都没完没了。

中、壮年的外遇，多夹杂在矛盾的情境中发生。一方面事业家庭有成，另方面生活平淡反复；一方面意气昂扬，另方面又感觉到岁月不饶人。外遇在此时，常有着"能让生命一亮"的功能，中年"戒之在斗"，这时，什么都有了，乃想在人生重要也可能是唯一的遗憾补足，于是就外遇了。这阶段当事人的处理尽管较前期稳重，但万一爆发开来，家庭、儿女、事业、名声总一起拖累，伤害也特别深。

老年的外遇，比其他阶段不可能，许多黄昏之恋带有唯美的色彩，更多时候，位尊权高的男人外遇的并不是什么对象，而是攀附权势，想把握住些什么的企图，生命这时走向尾声，最怕失去，能得即得，晚年失节的例子遂所在多有。"老来戒之在得"，这个警讯用在此一样管用。

人生事在不同时期，通常有不同动机，孔子说："君子有三戒。少之时，血气未定，戒之在色。及其壮也，血气方刚，戒之在斗。及其老也，血气既衰，戒之在得。"用于外遇，一样适用，能了解这不同时期的动机，问题的解决也就较为容易。

"把握最后春天"的迷失

从时间性而言,有一种外遇最危险,毁灭性也最大——尽管里面充满着浪漫、光彩与激情。

这种外遇通常发生在男人四十五到五十几之间,外遇的对象则是豆蔻年华、少不更事的少女。从外人眼中,这种老少配,或甚至在年纪上可以称为父女配的恋情,实在缺乏发生的理由。

一个事业有成、人生阅历成熟的男人怎会对言语空洞、没啥人生经验的少女着迷?这是外人最无法了解的。然而,正因少不更事,正因天真烂漫,才可以为饱经事故的人带来解脱,带来返璞归真。这时,正好又是男人在体能、心理上明显要走入人生下半段的转折点,那由天真所带来的生命自信对男人就产生了无限吸引。你说她幼稚,我说她纯真,你说她无知,我说她纯洁。就这样,我们乃常看到一些学养丰富、事业有成,乃至道德文章兼具的人,就栽在一个外人无法理解的外遇中,妻离子散、家破人亡,却无怨无悔。

这样的恋情可能是很美的——如果女主角不只是为了对方的金钱与地位。因为,一个少女会爱上这种年纪的男人,总有其相当的憧憬抱负,也许是感于对方的道德文章,也许是怜于"斯人独憔悴",也许是渴望得到父爱,也许是追寻一种成熟,林林总总,这世人眼中的"不伦之恋"，其实有太多生命的希望与美感。

然而，问题却在于：一个要的是青春的魅力，一个要的是成熟的憧憬，彼此所要恰就相反，而尽管男女互补是两性所以成立的"理由"，但两性之爱却并不可能只建立在"互补"的基础上，它还须有共同的想法、感受与关心。同时，更糟糕的是，因为距离而引致的魅力与憧憬，所牵涉的主观欲求与想象，又较年纪相近的恋爱为多，于是，双方就可能为自己的"想象"付出太大的挫折与代价，甚至连时间，这个最大的巨人也无以敉平彼此的创伤。

相对来说，四十岁之前的外遇，总较可放可收，伤害也常没那么深，彼此甚至还可以自嘲是"因误解而结合，因了解而分开"，而六七十岁的外遇，则只能说是绝对的唯美或绝对的荒谬，只是，男人到此人老体衰，意志力也没那么强了，外表"破坏"虽看来没有较前期大，但却更令人觉得不堪。

对于这"把握最后春天"的外遇，坦白说，当事情发生后，想劝当事者悬崖勒马几乎是不可能的，它就像黄河决堤，不可遏抑，只能防患于未然。因此，观照各个生命阶段之局限的功夫乃不可少。禅者常指人生是"春天的花、夏天的鸟、秋天的枫、冬天的雪"，当秋天来临时，就让我们彻底去欣赏枫叶的美吧！可千万不要再去贪恋那春天花朵的烂漫。

以未来的"现实"取代目前的"现实",行吗?

外遇可以发生在成人的任何年龄,彼此间的年龄组合也可以有各种类型,年纪相差太大的外遇,总难免于绝对的唯美或绝对的现实,然而,年纪相仿的又如何呢?

二三十岁时的外遇,只能说是另一种选择,这选择与"前一次"相比,不见得更清楚、更合理,这时,年长者或同侪也许都能着力。好在,现在大家观念开放了,好聚好散,彼此的伤害相对较小,较大的顾虑是孩子的成长,以及外遇会不会形成一种"行为模式"。

人过中年以后的同年龄外遇,与二三十岁不同,自己想要的愈来愈清楚,遇到一个同年龄又让自己动心的异性,常不是完全惑于激情、眩于青春,而是有较多的相知。然而这种外遇,只以愈来愈清楚自己所要为理由仍是不够的,更深的,还得从缘起观照自己选择的局限。而外人在遗憾之余,也就只能从"非此不可吗?"来为当事者的思虑抉择作注。

"非此不可吗?"在当事者而言,通常没有第二个答案,然而,这正是痛苦的缘起,断见我执,在追求幸福之际,就让生命丧失了空间,脱离了美感。

生命中的抉择总充满了有限与无奈,婚姻亦然,选的时候,或因年少无知、或因一时冲动、或缘父母之命、或凭媒妁之言，人当然可以为此决定后悔。然而，后悔通常来自了解，来自一种几乎没有距离的了解——从牙膏怎么挤、厕所怎么上，到面子里子怎么摆，性与日常如何调和种种，于是幻象破灭，悔不当初。

　　人过中年后，这种悔不当初会较年少轻狂时为少，但也就是阅历加深，牵扯更多，更需要一种具美感的生命空间，来补足现实的平庸。而此时，如果只以追求另一个"现实"来摆脱目前的这一"现实"，坦白说，并不能真正地超越现实。

　　"非此不可吗？"正是在这种两相权衡下产生的问题。然而，"权衡"是理性、是客观比较的字眼，当事者通常很难"权衡"。因此，平时就让自己的人生带点朦胧美感就很重要，如此，有了"距离"，旧爱就比较不会成其为"旧爱"，新爱也就不一定非厮守在一起才行。

　　谈到美感，就不得不提及艺术。艺术在一定意义下即是现实的抽离，可惜的是，艺术家通常只在艺术品中抽离现实，真遇到感情之事，往往溺得更深。中国人以前强调"道艺一体"，禅说"道在日常功用间"，以生命为一大艺术，则就不应让外遇成为现实，毕竟以未来的现实直接取代目前的现实，常就只能在现实中继续的龃龉、挫败。

想想"如何善后"

修行常举"不怕念起,就怕觉迟",人不可能无过,关键在你是否能及早觉察。觉察得早,客观错误没铸成前即能消弭于无形,觉察得晚,就只能活在懊悔之中,而在外遇,这种觉察恐怕要比美感的超越来得重要。

坦白说,一辈子只钟情于一个异性,几乎是违逆人性的,然而会不会导致外遇,则又是另一回事。

你欣赏、喜欢,乃至爱一个人,与产生外遇是不同层次的事。外遇总牵涉到行为,这行为不仅有道德的认定,也有法律的规范,"思想无罪"一样适用于外遇,但思想落实为行为,就必须直接承担起责任。

止于思想、情感,不能叫外遇,若不然,就礼教杀人,因此外遇观照的一个现实点,就是如何能不让它成为行为。而在此,所谓美感的超越,指的是对喜欢事物的保持距离,因为只有这样,才不致因落于现实而形象破灭;此外,更指在自己的"有所不为"中,"享受"或"观照"生命的"缺憾"乃至"悲怆",以此,生命就另有一种由割舍而致的成就感,就较不会自陷于现实。而这两种超越,前者恐怕得建基于经验的教训,后者则虽非一定到达悟者之境地,却已有其浓烈的生命美学观照。

美感的超越，牵涉到生命境界的提升，对寻常人较难，而提醒可能会出现的懊悔对一般人就比较亲切。外遇之所以会让人不堪承受，正因为生命中所谓的"善后"很少有比"外遇的善后"更麻烦的，因为一来两造都难以避免一定程度的嗔恨，二来也关系到"道德"判定的问题，三来更头痛的是，彼此的孩子要怎么办？

外遇的当事者，往往是一方执迷、一方愤怒，要理性处理"危机"，几乎不太可能，因此，所做的决定常又形成彼此的二度伤害，有些则终其一生都难以复元。

伤害最严重的是对人的"信任"。外遇的发生虽与当事人的人格形象没必然关系，但外遇却必然牵涉到道德的认定，因此，一旦发生，对道德的颠覆性就特别大，许多受害人从此对异性，乃至其他人都会丧失信心。

外遇的伤害往往是双边的，许多外遇者对"原配"还说不上完全无情无义，这里常有对自己的谴责，而外人所给予外遇者不道德的认定，不仅造成现实的一定压力，影响所及，也往往变成下一次分手的原因。

当然，外遇麻烦的还不在自己，上述的影响一样会出现在儿女身上。当事者双方还可好聚好散，甚至反目成仇，孩子却不可能如此，而即便不谈孩子"本身"受到的伤害，就只孩子的受创看在当事人眼里，也是种折磨。

总之，除非双方都能有一定的超越，除非原本就是露水鸳鸯，在一般情形下，外遇几乎都是难以"善"后的，我们平时就该作如是观。

从生命源自缺憾的基点观照外遇

"外遇"作为一个专有名词,当然是指婚姻后的出轨,但如果我们不局限于一定的外在形式——尽管是否如此确实很重要,它也可以被广义解释为"对与自己有一定承诺异性的变节"。当然,与移情别恋不一样,这个一定承诺是有两性的性关系做其感情基础、结晶或至少一部分的。

然而,尽管想到外遇,就会联想到性,但性关系却不是检视外遇存在与否的最重要基点,因为如果这样,中国社会有"那么多"嫖妓的男人,就应该会有"那么多"的外遇,一般人却又不如此认为。因此,谈到外遇,爱才是它的必要条件——尽管最后也会企求灵肉的结合。

从这样的检视衍生,其实,我们许多人都有另一层次的外遇。在有了另一半之后,我们不是也曾后悔、懊恼过?即使婚姻平顺美满,也仍旧无法避免另一个使你怦然心动、眼睛一亮的异性出现,而遇到这种情形,能不沾不逐者又有多少人?

所以说,纯粹从肉体或精神来谈外遇、谈不忠,其实都有盲点。在这里,我们非得承认外遇是合乎缘起性质的,但同时,人也并非在这缘起中就无所作用。精神出轨的出现,也许谁都无法事先避免,但精神出轨之后能做些什么？是否在此深刻观照？就是我们自己能有所作为之事！

"君子固穷，小人穷斯滥矣"，许多事物都可如是观，外遇也一样。不少男女常横生飞醋以防患未然，这当然有"警示"作用，但更成熟的人格，恐怕还得去看到对方"有所不为"的部分，而不是以为万事都可"外在阻绝"或"防患于未然"。

欣赏对方的有所不为，是生命的智慧成熟，到此，彼此既有空间，由之甚而产生另一种情分与尊重。我们常见有人为"防患未然"，对另一半的欣赏其他异性也横生飞醋，甚且粗鲁对待，其结果不只让那美感与矜持不存，也反衬现实的更加不堪，后果自然更糟。

精神的出轨可以很痛苦，也可以很有"美感"。想想，生命中有哪件事是可以永远满意的？怕的是精神出轨的当事者又不顾一切地去追逐，以为获得后即可死而无憾。所以说，外遇中的种种固因个案而定，但感情"承担"与生命"解脱"间的微妙关系，却是大家都须加以观照的。

纯粹肉体的外遇好解决，人老色衰，浪子总会回头；纯粹精神的出轨不能苛求，飞醋往往容易坏事；而灵肉兼有的出轨，则是个复杂的问题，牵涉到人生的智慧。在外遇上，当事者要能了解生命本有许多缺憾无奈，只有承担此缺憾无奈，而非纯然追逐才是真正的离苦之道。在新旧之间的无奈与承担做考虑，是事后的智慧，平时，让生命永远保持一定的美感空间，体得缘生性空之理，则是正本清源、釜底抽薪之道。

外遇是男女能否平等的一个重要勘验点

外遇所以令多数人无法忍受,当然是因为"情感或关系的背叛",但许多时候,我们对"背叛"却又有双重标准。

双重标准之一是厚己薄人。爱吃醋的人往往很难用对人的标准严以待己,这种人最受不了外遇,但讽刺的是,有些外遇也因醋而催化,俗话说"严府多贼",正是如此。不过,这种双重标准是人之常情,在许多事物上能返观自省的人,感情路上也常与他人一样充满无明。

相对于这种个人心理的"常情",还有另一种社会性的双重标准。许多社会——就如传统中国一般,是以男性为中心的,而男女的不平等又聚焦于"性"。男性在法律上被允许三妻四妾,在性事上被允许逢场作戏,外遇有时更变成"风流"的一种表征;对女性则不然,三贞九烈是必然的要求,"外遇"更成为"是可忍,孰不可忍"之事。

虽然时代在变,两性的关系在变,但这一点变得并不多。许多男人最不能忍受的是绿帽罩顶,但这种男人能"守贞"的却又微乎其微。

这种情形固与传统两性的地位有关,但背后也牵涉到男人对

"性"能力所存在的潜在焦虑,有时,与其说是被"背叛"了,还不如说是因此被证明"不行"了。在绿帽罩顶时,许多男人的焦点多集中于此,却少有人想到性之外的事,如沟通的障碍、生活的僵化、理念的分歧,乃至其他家庭、人事、思想的种种。

正因男性这些来自社会与性的"自尊",才使得女性外遇时,男人总少原谅,而由于男尊女卑,男性外遇时却常出现女人伤害女人的事。原配告小三,闯祸的男人却没事。也因此,有人赞成将通奸除罪化,这看来合理,也保护了女性,但问题是两性之事只从民事解决,有钱有势的人——尤其男人,恐怕就更加肆无忌惮了。

不只外遇,两性关系要趋于合理丰富,平等是第一要件。平等,当然不意谓无男女之别——这正是许多新女性主义者让人觉得乏味乃至恐怖的地方。不过,在有关行为的道德评价上却必然要站在同一基点,不能说男人能做的事,女人做了就罪该万死。男女之别,意谓的是秉性互异,自然分工的不同;它指的是多数男人"适合"做什么、多数女人"适合"做什么。至于男人"可以"做什么、女人"可以"做什么,尤其是牵涉到不同的个人,则完全是不同层次的两件事。在生命尊严的基点上,强分谁才可以做什么的想法是应该彻底被摒弃的。

现在夸夸而谈男女平等的很多,但许多时候却只是在磨掉男女有趣而富吸引力的"禀赋分别"。其实,真正的平等,除了社会权利的平等,还应该注意到生命权利的层次,而外遇,正是一个勘验点,在这里有了男女平等,社会才真算得上两性平等,而男人也才真正完成了一定程度的自我超越。

从激情到稳定

最大的功课要从最小的脚下参起

由于自小即有艺术情性，中年之前主要的落点也在艺术工作，因此对一成不变的事物向来最为畏惧，年轻时即常自问：有什么理由可以让自己二十年乃至更长的时间只面对同一张脸孔呢？坦白说，当年的我是找不到答案的，这也成为个人除了想出家修道外，前期抱持独身的另一重要理由。而这样的问题，在结婚后，却还是被许多人继续不解地问着，仿佛婚姻即是艺术家乃至生命的坟墓似的。

其实，将爱情或婚姻当成静态的事物来处理，是严重的认知偏差。人之相处，原即是不断的互动、不断的发掘，如果在热恋之后，马上觉得索然无味，问题往往出在自己身上。毕竟，一个善于领受讯息的人即使在外缘不变下，也可因观照自己的内心变化而创造出新的生命风光来，否则，每天行住坐卧、吃喝拉撒，又有哪人的生活是天天都在变的，所以说关键还在自己。就如印度圣雄甘地说他"喜欢坐牢"，因为牢里没有太多杂务，心灵反能自由驰骋般，懂得生活的人正是如此。反之，我们看许多对原先所恋一霎生厌的人，一辈子也总逃不开在忙忙碌碌中不断寻找他所谓"永远的真爱"，就知问题还是出在自己身上，正如六祖慧能所说："不是风动，不是幡动，是仁者心动。"

当然，要事事有新意，也不是口头说说就可以，这牵涉到整个生命态度的转变。在此，即使不学佛的人也应该试试禅坐，当心灵归于平静、精华内蕴后重新睁开眼的一霎，整个世界仿佛都亮了起来。此时，禅坐者就比较能领略禅家所说"日日是好日"[1]的真意，许多不经意的生活细节，就可能产生新的意义。

所谓新意，正是如此，孚上座禅诗说："忆着当年未悟时，一声画角一声哀；而今枕上无闲梦，一尘一刹一楼台"，同一件事，就因悟与未悟，竟分别成为解脱与烦恼之缘。

就像禅所说的，悟道的生活是"运水搬柴"，是"饥来吃饭困来眠"，真实的爱情也必得是在大风大浪后的平静才出现，它看来静态，却绵绵密密吐着幽光。在"照顾脚下"中，没有哪点是不能成为生命学问的。

当年发问的朋友中，有不少是与自己原属同道的独身者。其中的一位，据说是因为笔者一句"我把婚姻作为生命最大的功课来参"而结婚了，只不知他现在是否已体会了"最大的功课要从最小的脚下参起"的道理？

---

[1] 语出云门宗开创者云门文偃，意指每一时刻都能领略该一时刻的存在意义，全然契入，活于当下。

变化的人生怎可能有不变的感情

在佛家十二因缘观的立场,"爱"则缘"有","有"则缘"生","生"则缘"老死",谈的虽是生死轮回的业力大事,但放在男女情感,也足发人深省。

佛家谈"执着",必从"我执"谈起,这个"我",在生命指的是以为有个"不变"的我,在爱情,指的就是不变的爱情。执取一种不变爱情的存在,可以说是人类共通的执着,但就如同"我执"缘"生老病死"般,最后,人却反因这种爱情观点的执取,只好在情感的"生老病死"中受尽折磨。

生命与情感的世界正如此吊诡,你愈想"拥有",它"空"得愈快,你觉得"缘起缘灭",它倒还"生生世世"。

这中间的关键就在于:"变",是人生的实相[1]。当有人问钦山文邃,"一切经皆从此经出,何谓此经?"时,他的回答是"常转"。一切经皆从此经出,语出《法华经》,原在指法华为经中之王,但钦山的回答却是"常转"。常转是指万法缘生缘灭,一切经其实都在说明这道理,它是"诸经之源",是万法的实相。而当人的青春、思

---

[1] 真实而不假主观的样态。

想、体能、习惯都必随着岁月而转变时，你却想去执取一个概念上"不变"的爱情，乃愈显荒谬。可惜的是，多数人却往往只想永远停留在"王子与公主从此过着快乐幸福日子"的层次，以为这就是永恒，却不知即使是童话故事，说完了这句，就再也写不下去了。

所以说，有了这样的看法就等于自己在挖掘自己的爱情坟墓。成熟的观点应该是领取因生命转折而致的情感变化，同时，在随顺这个变化的缘起缘灭中，对于与我们共同走过一段日子的另一半，有着一份更深的了解、互谅与感激。

两性生活的意义正在于此，感情生活的实相也就是这样，它是一个不断变化的过程，能掌握的人，是在每一刹那的变化中起观照，在不停的互动中看到自身的立脚处，看到自己对一个至亲生命的所作所为。而当两人都能如此时，关系就将不止于永远的柔情蜜意，反会出现一种"了然"。这种"了然"没有太多的激情，却有着较多的感激。

最近许多人谈感情，喜欢说"经营"，"经营"本身就是不断处理新状况的动态过程。当然，这个词语带有太多的"作意"，目的性过浓，但基本上，它还是点出了"变化的人生怎可能有不变的感情"的事实。而就修行人来说，更重要的，其实还在返观到执着于不变的荒谬性，有这种观照，许多两性间不必要的嗔恨、伤害，就会减至最低。

从"爱""性"到生活

　　世上事纷纷扰扰、林林总总，但只要扯到男女，就不免在"爱"与"性"上打转，千百年来，许多故事以新瓶装旧酒的形式一直上演，而多数人也乐此不疲。然而，这两个作为两性存在"基点"的东西，果真该是男女之间的全部吗？

　　事实是：你如果真以为如此，那在两性关系上可能挫败的机会也较大。原因就在于，我们之前一再提及的："爱"与"性"都有浓烈的缘起性，它牵涉到极大的无明动力，个人的反思在此常极为薄弱。以爱来讲，当事者往往不知它因何而来，因何而去，而"性"，更须面临两性间的差异及年华老去所致的吸引力丧失。所以说，不仅男欢女爱有如露水姻缘，即使郎情妾意也只是春花秋月。

　　爱与性的缘起性强，我们却在这里更希冀、更想象、更构建永恒，乃使得我们更难观照其中的实相。

　　当然，就因有这种男女间的不定性，世间的故事才永远演不完，人世也因此显得多彩多姿。但作为一个憧憬者或看戏者，与真实故事中主角的感受却永远是两回事，男女关系的不定性在现实中引致的痛苦常令当事人无以自遣。

　　不断对话、不断调整似乎是走向天长地久唯一能做的，然而，这个对话、这个调整，如果永远只在"性"与"爱"上打转，则旧的问题纵然解决，新的问题也仍将层出不穷。许多善于言辞表达与沟通的人，常须花费无数精力来维持两性关系，甚至最后还得面对失败的婚姻，原因也正在此。

问题的解决须从"性"与"爱"的有限性观照起。也就是说，即使"性"与"爱"是两性结合的基点，但两性生命的对话却必须随着时间而超越这两个层次。在许多老夫老妻间，我们可以看到这点：两人之间所维系的关系，是生命与生命间"整体"对话的结果。这个整体，包含从"人生的志节情怀"到"牙膏从哪段挤起"等种种不同的层次，而就在此，他们有了别人无法领略的一种相依。

有了这种相依，两性关系就不叫男欢女爱，也不叫郎情妾意，它只能是最随俗的两个字：生活。而真到生活，所谓对话、所谓调整，其实都已是余事，因为对方是自己的一部分，自己是对方的一部分，在这里少的是对立的两造，有的是整体生活的观照，变化调整，也就有其自然。

自然，就非波澜起伏，不像性般激情或爱般生生世世，但却只有经此一关，两性真正的历练与转化才算开始。

超越"面对同一张脸孔"的梦魇

"生活与恋爱不一样",道理人人都懂,但许多人就为了怕数十年都得面对同一张脸孔而逃避婚姻,这事实虽很少被端到台面来讲,但有这种倾向的人可真不少,其中又以男性居多,因为,他们更有着怕女人美貌将随年华老去的担忧。

会这样想,是人之常情。恋爱的甜蜜有相当成分来自"不断发现"的惊喜,人在此时的创造力也特别灵光,相对之下,生活虽不一定要被困在柴米油盐酱醋茶中,但模式性的反复毕竟是它的特征。因此,恋爱与生活何只不一样,两者简直就如死敌一般,所以,不少浪漫的人生命中最大的梦魇竟就是"与同一个人相处一辈子"。

坦白说,这样对婚姻的想法,说对也对,说错也错,端看个人的体会而定,而关键则出在当事者要将"不断发现"的意义或层次放在哪里。

如果,"不断发现"一定要是"张力很大"的一种游戏,则不要说生活会终结恋爱,恋爱也会被自己终结掉。毕竟,能变的把戏有限,再好玩的手法玩久了也会腻。也所以,情场高手总是口味愈来愈重,最终就把自己给玩完。

但假若"不断发现"是在点点滴滴的观照中出现,则两人生活在一起，除非是同床异梦、貌合神离，或是完全照章行事、等因奉此，否则，生活本就是种"不断出状况"的过程。只是，这个过程没有那么大风大浪，酸甜苦辣也没有那么强烈，相处的前期负面状况也往往居多。但换个角度来讲，却也比较真实，不像恋爱有相当成分是在演戏。

所以说，以为婚姻生活就是"与同一张脸孔对看数十年"的人，本身都还不好独自生活，因为，这中间少了观照生命如实流动的能力。一个人不选择婚姻，可以是为了更高生命价值的完成，可以是为了追寻自己认定的自由生活，但绝不能只是为了怕失掉恋爱的感觉。一辈子都在追求恋爱的人，本质上即是个逃避自我的人。

从禅的立场来看，婚姻、生活与修行都一样，千万不要"十年如一日"，必须要能"一日有一日的领会，十年有十年的风光"。禅中有老婆禅[1]，老婆心切，绵绵密密，因此，运水搬柴，皆是功夫。这绵密来自于如实生活的观照，到此，所谓的"不断发现"其实是顺理成章、不必用力之事。日日是好日，正因日日不同，活于当下，即能出现生活的唯一。

表象的浪漫常让我们无法免除"面对同一张脸孔"的梦魇，如实生活，则能让我们"十年有十年的风光"。

---

[1] 禅在接引学人时，各家宗风不同，有人峻烈，有人绵密，老婆禅即指从日常事物悟得禅理，教学及修行都强调绵密温养的功夫。

从激情到稳定的"实相"

在多变的人生中追求不变的情感，是种妄想，但这说法并不代表两性间没有稳定的关系存在，毕竟，感情的遽变是特殊状况，稳定而重复的模式行为才是生命的特征，也是生活的必需。

男女关系间的稳定，指的就是，彼此成为对方生活的一部分，是彼此的生活所需，而这也正是热恋结婚后两性关系的真相。没有波涛，没有风雨，从来不觉得对方有什么重要，但没有了，又感到浑身不对劲起来。

要臻于这种境界，当然非一两天之事，多数男女在初营共同生活时，总须经历一段"看对方哪处都不顺眼的日子"，从"吃饭有没有吃干净""牙膏从哪边挤起"到"过马路怎么不扶我""看不到娇嗔，却只有啰唆"等等，于是，三天一冷战，五天一热战，总觉得自己是瞎了眼，不然怎会想到要跟这种人过一辈子？

正因如此，结婚前几年的离婚可能性都会偏高，然而，从云端跌到谷底，果真是当事者有眼无珠、识人不明吗？其实也不尽然，主要还因期望既高，失望就大，而"不断创造新发现"的恋爱与柴米油盐酱醋茶、"天天如斯"的生活又恰好两极，因此所有想走入婚姻的人，都必须经过这段翻转的试炼。

等到这试炼过了，互动的模式逐渐建立了，两人关系也就到达了另一层次的稳定，这种稳定并不仅止于显现在吃饭穿衣的容忍或协调，更重要的，还在解决"冲突"模式的产生。有人床头打架床尾和，有人一次冷战三五天；有总是男的道歉，有女的一向吃亏。林林总总，不一而足。外人看来难免荒谬，但每次的冲突却都不会超过一定限度，于是，不管是视此为生活情趣也好，视之为"天天难过天天过"也好，"白头偕老"却就有了"坚实"的基础。

当然，"稳定"的意思并非代表就此不变，但对于深具惰性的人类来说，通常须有大的新刺激出现，才会有意愿与勇气来脱离这模式。而现代人婚姻的真实性与荒谬性也正在此：它由恋爱而来，却终结了恋爱；它想营造更有意义的生活，却让生活在习惯里消磨。

在这里，我们碰到了两性关系的两难：不变的情感既是妄想，稳定的关系又极表相，维系感情既须敏锐的观照，一般人似乎就只能在平板与一再的喜新厌旧中二选一。

但其实，真实的情形也不尽如此，过去媒妁之言的时代，许多人并不像今天的"爱才娶（嫁）"，而是"娶（嫁）来爱"，真实的两性关系是婚后才有的，但美满者也不见得较少。原来，爱情的浓淡与美好生活间并不必然有绝对的关联，即便是现代人，也有许多在婚后爱情转淡却仍浮现幸福眼神的，其间的关键就在于将爱情转成了恩情，又抚育了子女。谈婚姻实相，这两者往往要比爱情更应是观照的焦点。

"恩情"使生活更能唯心

无论表现的方式是文是武，恋爱期间男女总充满着激情，而在想"占有对方"的两性关系中，人固常只从自我的立场看事，自负与骄傲在情人眼中又往往被看成是种魅力，因此，男女最初的来往虽说欣赏着对方，其实却充满了自我，坦白说，在事务性的不协调背后，这"自我"才是男女关系紧张的更根本原因。

人要不过度自我，就在自知己身有限，而寻常人对自己"有限"的反省则常来自"挫折"，这也就是为什么诸事顺遂的人反而不容易有美好婚姻的原因。但虽说如此，婚姻中的挫折却总令人难以自处，许多时候，它更变成无解的焦虑。毕竟，就因太亲，更容易责怪对方，对自我的反思乃不易出现。

相对于婚姻的挫折，在其他挫折中，人的反省观照就较容易，而有意思的是，生活中有其他层面的挫折，对婚姻却往往成为好事。一方面它让彼此能更心连心地面对难题——当然压力过大，也会有负面影响；另方面，则是挫折往往能让彼此更为自谦，更加晓得对方的重要。到此，才真能体会对方存在的意义，于是，爱情之外就有了恩情，习惯之间就蕴涵了感激与包容。

感激与包容在两性关系中是一体的两面，这种情感愈多，唯心的成分也愈大，不仅外界的风风雨雨无法撼动两人，彼此间也愈能"欣赏"对方的缺点。到了这个地步，一种类似宗教的情怀就会出现，总觉得两个原先这么不同的人竟能凑在一起，还凑得如此截长补短，凑得如此"天天难过天天过"，总有些人类不能说清的道理在。

现代人提倡自由恋爱，自由惯了，自我大了，就老觉得婚姻是种束缚，对于"没有爱情"的婚姻更嗤之以鼻，其实，事情并不如想象中的一般。当然，我们承认，像过去那样，没法由自己掌握的婚姻有其对生命尊严的负面意义，弱势中的女性尤为吃亏，但这与未来能不能有幸福的婚姻终究不是同一件事。

总之，千万记得：在婚姻中，"恩"比"爱"对生活的坚实更具决定性的影响。而虽说恋爱时"一切唯心造"，但这心却往往经不起一点尘埃、一些考验，而走入恩情的婚姻，看来那么日常平实，缺乏心灵的激荡，却让两人在面对事物时更加唯心，生命的一切总如此地吊诡与耐人寻味。

习惯与默契

习惯与默契是判别夫妻是否恩爱的一个标准。习惯指的是模式性互动行为的建立，不过，它虽是稳定婚姻的基础，但也可以让彼此纯然只成为对方生活中无意义的一种存在，其结果，婚姻固"十年如一日"，但就禅的立场，有时还不如活一天。

默契与习惯不同，它是活的，是在面对新状况下彼此的相知，因此，生活间充满了乐趣。这种乐趣或显或隐，有时得意，有时无奈，但总有一种"也就只有我了解你"的喜悦。这里虽还谈不上禅所谓的"运水搬柴，无非大道"，但总有其"一日有一日领会，十年有十年风光"的本质。

稳定中有动、有变化才是幸福婚姻的写照。只有稳定，只有片面的惜福，婚姻就容易沦为纵容与认命。谈恩爱，所以常予人刻板的旧式婚姻联想，就因如此。佛家讲"随缘做主"，只有随缘，只能成为宿命论者，必得在缘分中做主，生命才可能在"不昧因果"[1]中"创造因果"，婚姻也不例外。

因此，我们可以说，"习惯"的婚姻固然牢固，却是死的牢固，

---

[1] 指了解事物生灭的因果何在，而依此作为。

"恩爱"的婚姻必得有创造的影子，两者彼此学习，也共同向外学习，容许很多差异，却保留别人无法分享的包容、感激与更重要的"相知"。

在行为特征上，"习惯"的婚姻往往不需太多的表情，"恩爱"的婚姻，表情虽不见得要多，许多事情却就在"扬眉瞬目"中完成，这"扬眉瞬目"里有太多因"彼此互有"而生的自得与骄傲。

禅强调不能"死于句下"，这句下就是种习惯，你依文解字，一切就僵在那里，离文了义，才晓得什么叫"不着一字，尽得风流"，默契正是如此。

恋爱中的男女也有默契，这种默契或因"本属同类"，或因当时"只看到对方与自己相同者"，往往只表现在"单一焦点"上的相契。"恩爱"婚姻中的默契不然，它渗透到生活的各个层面。两者之别，一个是"见山不是山"之前的"见山是山"，一个是之后的"见山只是山"，外表略同，但"境界现前"，则"高下立判"。

人无癖不立

　　要能从爱情中滋生恩情，条件不外有二：一个是逆着看，观照到自己的不足，因而生出"何德致此"的惜福之心；另一个是顺着看，在发觉对方的优点中，生起"有幸逢此"的感恩之情。

　　所谓"逆着看"，宗教的情怀当然多些。宗教，本就来自对人生本质困境的根柢观照，当你观照到了作为生命都如此有限时，就更能接受另一半的有限，由此出发，两性相处就可能产生无限包容。只是，这种包容到底有多少是宿命或向命运低头的成分，还值得反思。而恩爱，则一定要带有甜蜜、满足的成分，否则，一味包容，何止是姑息养奸，在修行上也是一种断见。

　　相对于"逆着看"，"顺着看"就须带有一定的艺术色彩。坦白说，两性相处，若只以"习惯"而言，只会愈看愈不顺眼。恋爱时没发现的缺点，甚至是恋爱时所以为的优点，婚后常就成为无法忍受的部分，这是许多人的经验。挽救之道，倒并非要求其与己同，这样做，往往会产生反效果，相反地，还必须"设法"去欣赏对方与自己的不同才行。

　　常有人说，男女相处是种艺术，这话指的是彼此关系的微妙难以捉摸，但换个角度，这句话的意义也可以更为深长，毕竟，如果没有抱着欣赏艺术的心理，两性是无法长久相处下去的。所谓艺术，总须有一些"非常规"的东西，而欣赏艺术，即在欣赏这种"非常规"，有人一天洗三次澡，有人三个礼拜洗一次澡，是洁癖？是懒惰？没有标准答案，是否成其为艺术也端看你的对应。当然，艺术的存在必基于一定的形式，"君子固穷"，是风格，"小人穷斯滥矣"，就难欣赏。

要谈对人的艺术欣赏，中国有句老话说："人无癖不立。"这是很好的参照，老实说，这句话比"人无信不立"来得深刻。身上无癖的人，若非大奸大恶伪善之徒，就是处之无味之辈。有癖，就有真性情，有癖，英雄在某些处往往连"凡夫"也不如。迷上钓鱼的董事长会在三更半夜风雨飘摇、鱼儿大咬之时，自己跑去矶钓，对隔邻钓鱼高手的工友虚心请益，这种人就坏不到哪里去。当然，癖少是风格，癖太多就"是可忍，孰不可忍"了。

两性恩爱的宗教面绝不只是一味的付出，必得在包容中有甜蜜、有满足。而艺术面上能体会到"人无癖不立"，就更容易发现对方的优点，所谓恩爱也必得有由此而生的浪漫。

恩爱的关健——空间的有无

两性生活间的龃龉常来自过度的亲密，愈亲密愈容易察觉彼此不合之处，如此，想恩爱也难。有人说，婚前要睁亮双眼，婚后则要睁一只眼、闭一只眼。话虽反讽，却是不易之理。

不过，这种说法到底无奈，更积极的应该要去体得老子所说的："己愈予人己愈多"，而能如此，则有赖智慧的观照。因为，恋爱中人总想更为亲密，希望所有的空间都被彼此填满，所以，开放性的婚姻人人会讲，实际做来却都不是那么回事。

我们常可以看到许多男人为了逃避老婆的监控，使出浑身解数，相对地，中国男人也喜用家事、孩子绊住老婆，以求取一种荒谬的安全感。在这情形下，说谎在男人世界中就有了正当性，而所谓"好朋友"的定义往往也就是可以帮你在老婆面前圆谎的人。至于女人，当被家庭绊住后，世界愈来愈小，就只好变成了三姑六婆。于是，女人本以为可以经由监控而锁住男人，却让男人找到了出轨的理由，男人本以为可用家事拴住女人，却反而让女人有了"手帕交"的必要，最后，两情间的小事也会变成大事。

留给对方空间，是尊重对方是个完整的个体，留给对方空间，也是留给自己空间，这意思不在对方的投桃报李，而在不将自我扩大,不将自己陷死,即便婚姻出了问题,也较不会在死胡同里纠结。

恋爱时希望形影不离,婚姻却要为另一半与自己留下空间。在此,智慧观照所指的,不只是道理的了解,更重要的,还在体得"恩"爱,当对方给予你的,你会有惜福之感,则自然不敢"过分"要求对方还要与你形影不离。

宗教上,"惜福"是种重要情怀,它所说的,不只是对既有的珍惜,更根柢的还在"因多得而感激"乃至有"余何德何能,以至于斯"的惜福。宗教行者正由于观照生命本质的困顿——死生无常,觉自己无明炽盛,颠倒愚痴,乃对万缘都能惜之,而婚姻,其实只要有一点这样的情怀也就够了。

宗教情怀在许多时候都是婚姻的支柱,唯副作用也不少。有些人信了教,念了佛,总看"沉沦中"的对方不顺眼,婚姻反而亮起红灯,就因缺少了这点"惜福"所致。当然,真正的"惜福"还更得有另一层次的谛观,它并不是完全的纵容与认命。

给予彼此适度的空间

从如胶似漆的情侣到话说不多的老夫老妻,其间由浓转淡,正合了一句老话:"君子之交淡如水。"然而,这淡如水的境界又是从何而来的呢?

相互了解当然是第一步。爱情是"不断发现"的惊喜,但"发现"有时而穷,人所能变的把戏委实不多,当多数的互动都形成模式时,话自然就少了。

这种情形预示了爱情的终结,而感情能否持续下去乃至转化,首先就在我们所提过的,能否在生活中不断有小的新发现,让生命色彩一直保持鲜明。

而在此之外,还更得有一份谅解。因为愈了解,愈会知道对方局限,在此若缺乏了谅解心,两性就会因误解而结合,因了解而分开。这种谅解心当然不能是纵容,却是在体会自己局限的同时,谅解了对方的局限。而男女双方局限的指出,则又往往是在争吵中彼此互揭疮疤所得,所以说,吵架不完全是坏事,问题是吵了以后怎么办。

有了谅解,彼此的生命才会保有自己的空间。两个经历不同的人凭着激情硬要凑在一起,最终只会搞得头破血流,可谅解一旦出现,彼此就不会追根究底,甚至反过来能"欣赏"对方的局限。如此，在自我与对方间才可能找到一个平衡点。

适度空间的给予对许多中国女性而言，是个带有反讽的建议。作为社会的弱势，女性其实已给予男性太多的空间，让他们花天酒地、呼朋引伴。但另一方面，不安全感却又使许多女性扮演着侦探的角色，希望另一半的行踪永远在自己的掌握之中。

中国男性呢？多数时候他也是两面的。一方面无视于女性地位与尊严的存在，以为自己可以恣意而为；另方面，却又无法接受女性监控的需要与事实。两相结合，许多男人都成了说谎家。不少家庭每天上演的，正是这样强弱吊诡、不断追问与圆谎的游戏。

适度的空间是要彼此相互给予的，男性在烦心于女性的无所不管时，也该反思，在生活中所给予女性发展的空间有多少？而女人将注意力完全放在男人身上时，也千万要记得"严府多贼"，其结果往往只会让他更加速离开你。

诚然，所谓适度空间的给予，关键正在何谓适度，男女的结合原就是一个个不同的个案，彼此观照自身的局限愈多，惜福的心也愈浓，愈了解对方，给予的空间也愈大。当然，空间的给予必有一定的双向性，否则就成纵容，那种依附式的婚姻对生命也只是一种无意义乃至负面的生活形式。

男人比女人更需要安全感

男女共同生活，多数时候并不如一般所以为的，是因为感情的难分难舍，重要的更在追寻一种安全感。

家，是个具体的空间，作为一个提供安全的所在，它总被界定为女人的归宿。然而，安全感的需要，在男人身上尤甚。

无论从生理或心理的特征而言，女人其实都比男人有韧性，而也许就是这份韧性所形成的包容，反而在历史上加深了女人作为弱者的困境。反之，男人的爆发力强，虽然缺乏后劲，却足以自欺欺人一番。这种两性的差异，在性行为的特征上也看得到。

男人的脆弱不只在于他后劲不足，也在于他善于"概念化"作为。善于理论，使男人可以天马行空、意气飞扬，长于说辞，可以让他纵横捭阖、用事无碍，但这些都与生命的丰厚无关，愈概念化的膨胀，让男人愈心虚，也因此更渴望有个不需要概念和知识来武装自己的地方。

家，提供了这种功能，这也就是那么多博学硕儒可以娶一默默照应其起居的平凡之妇的原因，而高官富贾的真实家居，也并不一定像在外面所表现的飞扬跋扈。有人戏称男人回到了家，就像生命回归子宫状态般，是真有几分至理。子宫，是混沌之处，是不须行概念分割的地方，主客一体，男人就需要这种归属。

这种归属无关乎学问名位，无关乎人格贵贱，多数男人都有这个需要，能提供这个需要的地方，就会成为"家"。有些男人在自己"家"中找到这份安全，有些则在外面跟其他女人找到这种感觉。这样说，并不在为男性辩解些什么，只指出了男人的脆弱。

要从爱情走向恩情，就必须让男人有"回家"的感觉。家，当然不只是让男人裸露"无助"的地方，但能观照此一特质的女人，就是智慧的女人——当然，这种"家"的形成，也并不一定是"男主外，女主内"，更重要的，还是一种氛围。

安全、归属感当然不只男人需要，女人需要的安全感是男人的不花心，男人需要的则是一种生命的休憩，女强人的婚姻并不就注定不幸福，问题是不要将男人的概念追逐带回家，让他不觉得家是靠泊之地。记住！家不是说理的地方，它是一种氛围。男人把自己说理的惯性带回家，就不能看到女人混沌的可爱；女人在家要与男人论理，不只自讨没趣，衍生的副作用恐怕会让自己受不了。

从"男尊女卑""父系母权"到"男女平权"

谈男女关系，免不了要谈权利义务，在此，即不得不正视社会中两性尊卑的问题。而多数历史——尤其在中国，"男尊女卑"更常成为论者批评的对象。

父系社会中，"男尊女卑"似乎是文化设计的"理之必然"，然而，文化的设计也绝不可能完全牺牲两性中的任何一方，否则这套机制必将引起根本的反弹。因此，在谈男尊女卑的扭曲之外，还得就受压抑的一方如何建立其心理压力的纾解加以考虑，才能真正对制度的弊病行有效的改革。

许多中国男性——尤其是较能正视女性权利的男性，常会以一种近乎戏谑，但却相当有其真实感受的态度表示：中国哪里可以说是父权社会，应该说是"父系母权"的社会。而这种说法也不只是表达了一些"臭男人"的真实感受而已，它更点出了男女关系中一个许多人未观照到的部分：中国女人在过去被压抑的时代里，是如何经由另一种机制来达到权利或心理平衡的。

这样的平衡与"男主外、女主内"的态势及观念有关。女人在"父系"中虽无让儿女继承己姓的"宗祧继承权"，在政治及公开的社会场合更常是"附属品"，但相对的，在家中，男人往往也只享有表面的尊崇，虽被服侍得舒舒服服，却也常仅是个钱来伸手、饭来张口的"主人样板"而已。

也因此，中国婆媳的典型故事里，女主人总有着一家最高的权威，而男主人即使不是生性懦弱，也是装聋作哑赛神仙之辈。俗谚说"好男不与女斗"，其中固含有男性为尊的偏狭思想，但也有部分来自实际的体验。坦白说，真正斗起来，男人并不见得能占便宜到哪里去。

在这里，我们看到了文化中无奈、矛盾、吊诡、有趣却又互补的一面。从大的态势而言，男人占尽便宜，但在小处，女人则常是支配者。当然，女性主义者可视此为男人的诡计，不过，也只有正视这种情形，对旧有扭曲的矫正才有可能。而也缘于此，中国两性间即常存在着一种特殊的紧张关系，男人将女人丢在家中，又不愿为家所束缚，女人唯一能吐口闷气的，只能是家中的权威。"父系母权"虽让女性的压抑有了出口，但却让自私的男性找到不回家的理由。因此，猫捉老鼠的游戏乃永远在两性间上演，而中国男人在此的尊卑吊诡及矛盾地位，则又促使他们在同侪间必须以吹嘘自己对女性的宰制来强撑自己。

当然，文化的设计是否真能体现生命的尊严是值得检讨的，就此，传统的男女关系确有一定程度的偏差。但无论是"男尊女卑"或"父系母权"，无论是一方的压抑或一方的逃避，都不是良好的男女关系。谈男女关系的改善，不能只看到"男尊女卑"，而不谈"父系母权"，避免落入此种文化模式，两性间的平权才真可能出现。整个社会如此，一个家庭亦然。可惜的是，能看到"男尊女卑"之弊病者多，识得"父系母权"之局限者少，在矫枉男尊女卑时，女性争取平等常带来婚姻的不协调，因此也就不能单只归因于男性怕既得权利丧失所致。

以兴趣与志业共创生命史

让彼此拥有适度空间是避免婚姻摩擦的关键,但更积极的,两性的美满关系还得建基在深化彼此共有的生命经验上。本来嘛,理想的婚姻就是男女共同生命史的创造。

理想的婚姻是男女共同生命史的创造。这是一句令人兴奋的话,不过,这说法还得首先面对男人"善于遗忘及舍弃过去"的事实。

王宝钏苦守寒窑十八年,许多人看戏,却少有人能在此深刻体会十八年希望渺茫的日子是怎么过的,于是,一朝薛平贵回武家坡,就还得来段"试妻"才行。有人说,这是过去男性沙文主义的扭曲,但其实也应和了男人的本质。

男性谈历史,喜欢谈大历史,不只是因为"男主外",必得有雄韬伟略才行,更重要的是,谈大历史,个人的小节相对就不重要。"大德不逾闲,小德出入可矣!"这是男性的专利,不信,你看哪个男人容许自己的另一半"出出入入"的?

所以说,共同生命史的创造固在谈两个生命享有共同的历史,但男人既善于遗忘,又喜迁阔谈史,如何使男人"立于脚下"乃是其中的关键。

培养持续性的共同兴趣是个重点。男女在恋爱时,海阔天空,无所不谈,但真在一起后,却常形同陌路。女性甘愿为家庭牺牲是一回事，但不小心就会让男人觉得"不长进"，这点堪为"甘愿做男人背后的女人"者引以为戒。

兴趣的范围很广，总要以能深化生命情境的为先。因为，生活在一起，烦琐事既多，人在其中，一方面自己固难免逐渐庸俗化，另方面看对方也会愈不顺眼。如果没有保有一些心灵活化的空间，相处在一起，"十年如一日"，有了时间，反而没有了历史，即使不分开，在一起也只是个空壳而已。

兴趣之外，共同从事某些"志业"也是个重点。注意！这里提的是"志业"，而非"事业"。事业的功利性及成败考虑太大，人会变得现实，就像开朝君王常杀建国元勋般，一旦帝业功成，总难免"狡兔死，走狗烹"。"志业"不然，在兴趣之外，这里还有情怀，总觉得必须做一些自我的牺牲。许多文化或宗教工作都由志工来担任，男女双方一起做志工，就是个不错的选择。

能深化共同生命经验的，总不外文化、艺术、学术、宗教等，因此，男女双方要让彼此成为对方生命史中不可分割的一环，恐怕都得在此着力。当然，这些作为也都有其副作用，它们的确涉及人的精神层面，但人在这里也可能因开阔而忘记脚下，因幽微而更加自我，文化人、艺术家、学者的婚姻并不就比较幸福。然而，对泥于日日相同、现实逼人的两性，在此的共同开展的确有其必要。尽管说来可悲，它其实并不保证将来一定会如何，但也由此益加证明：从根本观照情感的缘起缘灭，才是免于被它拨弄的不二法门[1]。

---

[1] 原指唯一入于大道的法门，也常引申于日常事物。

以子为师

谈两性关系，还得及于"亲子观照"

　　外遇或不幸婚姻的最大受害者往往不在当事人本身，而在第二代。第二代对男女关系的重要性，在这讲求个人主体的时代常被有意忽略，但其实，即使在号称开放的婚姻中，孩子也常成为分合之间最重要的考虑。

　　人类学定义婚姻制度是："两性为养育下一代而营共同生活的一套制度。"这定义看来是有点陈旧不堪，但如果我们反问："就为了高兴而在一起，干吗还要有那么多婆婆妈妈的规矩？"这时，想必就会发觉：即使是开放自由的两性关系，牵涉到的也不仅只是性别的两造而已，它还包含了上下两代的关系。毕竟，无论是就性本能的生物设计，或生命尊严的角度而言，我们都不可能把养育下一代视为是种束缚自己、愚昧无知的行为。许多回头浪子结婚后"俯首甘为孺子牛"，其实是件很"自然"的事。

　　艺术家、知识分子的这种例子比比皆是，视婚姻为束缚，在许多事务观念上自居为启蒙者，待得因缘一至，有了孩子，又在自己可以有的公共发言台上谈养孩子的诸多心得，字里行间总充满着欣喜、感激、关爱，却少有人为前段日子的无知孟浪表达一点谦卑，忘记了被他启蒙的一般百姓在此早就走在前头了。

所以说，生物的本能虽使我们"能"传宗接代，但只以这个"能"字并不足以解释孩子对生命的真正意义。养孩子，是给的多还是得的多？恐怕多数人也都会选后者。

养孩子有何所得？女人的感受当然要比男人深，母爱是天生的，因为那是肚里的一块肉，血肉相连。面对这个事实，永远不可能有此种经验的男性，总得保持一份根柢的谦卑。

孩子的魅力何在？人人都会说，来自他们的天真无邪。这看法当然没错，但在修行上这还不够，一定意义上，我们甚至要说，若缺少了对这"由己身而出"的观照，恐怕也较难体会到生命真正的"实然"[1]。

从孩子出生开始，他其实就是父母在世的最大功课。这虽是个事实，却少有人从修行的角度来看，因此，常日日为此功课所磨，却一辈子无以成就此功课的完美，或从此功课超越。

谈两性关系，必得及于"亲子观照"才算得上完整，这虽是许多讲求个人自由者所不愿的，但追求自由却反使生命的境界被此自由所限，恐怕更非追求者的原意。

---

[1] 真实的存在状态。

小孩是"自性天真佛"

　　天真烂漫是孩子的天性，这点对大人尤具吸引力，究其缘故，主要因我们的机心太重。这些机心是"为自己图些什么的用心"，它的出现本在解决生命中的一些问题，但生命现象就如此吊诡，一个解决问题的设计常就成为另个问题的本身，于是，我们只好终日恓恓惶惶，不得一刻清闲。

　　孩子就不同，他活在当下。事来就接，事过就算，饿了吃，困了睡，倒真像个"闲道人"，所以过去禅宗说悟道的人是"自性天真佛"。一个习禅者，若孩子看了不敢亲近，即使神通盖世、机锋再利，终究称不上是个悟道的人。

　　也就是这样不沾不黏，孩子的精力才会无穷。过去，曾有人做过这样的实验：请一位十项运动全能的铁人，要他学孩子动作，孩子跳，跟着跳，孩子躺，跟着躺，孩子跑，跟着跑。按理说，大人的体力是孩子的几倍，这应该都不成问题，但不到一两个小时下来，累倒的却是大人。所以如此，一方面当然是因为小孩子处在生命初发的阶段，体力的补充较快，但另方面也由于他不沾不黏、事过境迁，不像大人瞻前顾后，沾染了过多的羁绊。

　　禅宗有个公案，谈到有人问一老宿："狮捉象用全力，抓兔亦用全力，未审全的是哪个力？"老宿的回答是："不欺之力。"欺是机心，是算计，是估量，狮子若要算捉象要多少力才够，抓兔只要多少力就行，如此计较，就会自己羁绊自己，无法一击必杀。道人直心而为，身心既在柔软中，乃无有不中。

就柔软，孩子也一样，没机心，出力就全力，回来就归零。

这样的生命状态是学习力最高的状态，因为他可以"如实"——也就是不具成见地看待事物。孩子心柔软，根骨柔软，而大人身上多数时候能见到的硬骨（不是"风骨"），则是成见的累积。

禅常以"未参禅前，见山是山，见水是水；及至后来，亲见知识，有个入处，见山不是山，见水不是水；而今得个休歇处，见山只是山，见水只是水"直抒生命的境界。生命中真正初始的"见山是山，见水是水"，就是小孩的世界，它固然与"到得还来无别事，庐山烟雨浙江潮"的"超圣回凡"境地不同，但仍有寻常大人世界没有的风光。也因此，说一个人"大人者不失其赤子之心"倒真是个了不得的恭维，而这赤子之心，并不应如平常人所想，只是天真、冲动，更要有它一份未经污染的直觉才是。

仔细观察小孩的世界会让大人惭愧。试问：我们有多久没有像小孩般开怀地笑、尽情地哭了？

其实，我们正可以"以子为师"

有人说，孩子就像一张白纸，你画什么，他就是什么。这话当然没错，但白纸其实也不只是大人的依变量，它背后更深的意义，应该还在于：因为没有预存什么，反较大人能拓展无限的空间。孩子想象力的丰富，往往是大人所难以"想象"的，这也正是他能吸引大人的另一个地方。

"黑人是怎么来的？""他走过黑黑的山洞，出来就变黑了。"这种小孩子的话虽不合逻辑，却让人闻之一亮，原来，生命中太多可以一亮的本都不靠逻辑，逻辑往往限制了人的想象。

当然，小孩子所能给予大人一亮的，也不只是新奇而已，有时还饶有深意。当孩子说"我'听'到黄色"时，我们就真该去"纠正"他吗？最近的心理学实验已证实了小孩说某些数字是某种颜色[1]，事实上是亲眼所见，而就禅，眼耳鼻舌身意的分割原是后天之事，六根无碍，才真是大悟的人呢！

---

[1] 例如2为黄色，5为绿色。实验者将计算机字5与2混搭在一起，其实各自排成了某种形状，由于5与2是同一符号的颠倒，大人看来只觉一片凌乱，有些小孩一看却就知5组成何种形状，2组成何种形状，因为两者的颜色并不一样。

孩子的潜能在某一时期会明显表现在记忆力上，这时，他几乎过目不忘，也因此，小小年纪，让他们背诵经典，绝不能硬指为是填鸭或无意义。尽管意义的了解是在后来，有些东西也会淡忘，但另有些却就能成为他生命中不可磨灭的部分，对他的人格成长固会产生影响，在未来这潜入意识的部分若被勾起，他能领略的也就比后来才学习者更深刻、更坚固。

也因有这么多的可能性，我们乃不能以一般成见来看待孩子的艺术领受。许多人总认为艺术的学习必须循序而进、由简而繁，这对大人适用，对小孩则未必。诚然，技巧的掌握必须如此，但欣赏上我们倒可反其道来思量。

成人对物象已有固定概念，所以很难欣赏抽象画，因为他总要问"这画的是什么"，但对小孩，却没有"什么"该是一张画要表达的，所以"画"反而能以"画的本然"进入他的生命。同样，习惯了固定形式的音乐欣赏者，对复杂的合奏音乐、即兴的独奏表现，乃至其他许多不为规则所限的种种，总觉很难掌握，但小孩却常显得轻而易举。以中国音乐为例，许多人对深奥的古琴或幽微的南音难以契入，不少孩子却就直接在此对接。所以说，以为小孩只适合听儿歌，对小孩的了解恐怕是太局限了。

当然，这样的说法并不代表小孩领受的就能较大人深刻，毕竟，艺术总还得经由学习而得，生命的观照尤其有赖真实的经验历练，但了解孩子"直接而全体摄收"的能力，对孩子生命潜能的开发，我们所能做的自然会大大不同于一般所谓的才艺班。

除了天真烂漫，孩子的创发力、摄受力，往往能让我们更有所感。在养孩子的过程中，有心人若常能从他们身上返观到哪些潜能已被我们扼杀，哪些生命的本然我们竟已变得如此陌生，"以子为师"，也算是掌握到日常修行的重要入手处了。

感谢孩子再现我们的"生命前期"

人在娘胎时就会感受到情绪,但长大后对事物的记忆则很少能早过三、四岁,三、四岁前是人生记忆的空白,就因如此,这时的小孩对大人乃具有特别的吸引力。

生命中有许多记忆的空白,但没有哪段像三四岁前那般神奇。第一句话是怎么开始说的?是怎么开始去领会词语意义的?一般父母爱子心切,可能只注意到"他会了",但真想起来,可神奇得很。从"无"如何到"有",生命、宇宙的奥秘本尽在其中,而大人早已"有"了,要能看到"由无到有",唯有回到孩子身上。坦白说,"横眉冷对千夫指"的人,竟可"俯首甘为孺子牛",其实也不只因于直接的亲情,而是在这近身经验中,看到了生命的不可思议,因这不可思议,那傲慢的心消融了,所以我们乃常看到愈是自视甚高者,在自己孩子前反而愈柔软。

能有这样的感受,近身接触是一个原因,孩子与自己雷同是个原因。而在此,因孩子一定程度上是自己的再制,在那"由无到有"的生命奥妙外,他更有补足自己生命前期空白的意义。三代同堂时,爷爷奶奶护着要被处罚的孙子,常告诉儿子:"你以前也是这样!"这是大家再熟悉不过的场景,而这时的大人,如果能想到:"啊!原来这就是我小的时候。"则许多亲子之间的想法、互动也就能体现出另外的一番滋味来。

许多父母珍惜孩子小时成长的每一片刻，其原因与其说是爱，还不如说，不想让这"生命前期的重现"被浪费掉。"陪着孩子成长，其实也就是自我成长。"这句话本意在说，大人可以借由与孩子的互动有所成长，但我们也可以把其中的自我成长直接看成是生命前期成长的再现，而经由这种成长的再现，所谓一个人的"有生之年"乃能得其完整。

对孩子的存在，大人所最该感激的，也许就是这一点。孩子天真，家里的宠物也天真，坦白说，这点有时还只是"量"的分别，但"生命前期的再现"绝对是唯一的。在此，我们哪里是在养孩子？是孩子让我们有机会看到自己的过去，除了感激，我们还能做些什么？

现代社会里，人格独立被一定程度地标举，因此，小孩再也不像从前一样，可以天经地义地被视为是"自己拥有的东西"。对许多人来说，或许还不完全能够适应这点，不过，如果能想想孩子所给予你的这种"唯一"，你大概也就不会认为他"应该"再为你做些什么了！

男女间的"实在"常从有了小孩才开始

孩子对大人的吸引,是种本质的吸引,这种吸引与"性"一样强,却难以用"无明"言之,因为,太多的爱、荷担、升华都由此而生。

谈男女,现代人喜欢将其定位为两造关系。甚至以为它就是个法律问题,是个"性"的结合的问题,忽略了生儿育女其实是人类社会维系的根本,同性的结合与异性的婚姻其根本不同正在于此,相关法律的设计也必须观照于此。然而,这天经地义,却在讲求个人自由追求的此刻常被有意无意地贬抑、忽略。

正因这基点,男女间的"实在"也常在有了小孩才真正开始。有了孩子,两造之间的冲突才有缓冲,当然,缓冲还是消极的,"共同的关心"更常就化解或淡化了彼此的矛盾。有了孩子,家庭的关系比较容易形成稳定的三角,孩子是底边,对孩子的爱愈多,底边愈长,有时甚至使男女的两边搭不起来,婚姻遂变成是依附于小孩的一种关系。

这情形看来有点可悲,可当事人却不一定如此想。由最初的浪漫归到现在的平凡,除了少数能"反思创造"或本性浪漫的男女之外,生活中最多的"发现"原都在孩子身上。这种发现,使婚姻能够"日日是好日"，坦白说，少了孩子，恐怕许多人都会走向仳离之途。

过去，孩子所代表的多是希望与责任：子女成群、养儿防老是希望，传宗接代、延续香火是责任。孩子的可爱，在希望与责任下常被有意无意地压抑，不过，他对婚姻的稳定作用却因此转高。而这种稳定作用也并不因社会变迁而转移，现代人对孩子固少了过去责任与希望的制式期待，但此时，却又发现"孩子之所以是孩子"才是亲子关系更重要的原点，小孩对大人的存在意义在此就已具足。

养小孩要花费许多精力，男女因此较无时间来挑剔彼此，而与孩子共享成长的那种喜悦，虽不同于男女之爱的激情、浪漫，却又特别踏实无我。恋爱的无我往往是站在我的立场为对方牺牲，心底总有份期待，对孩子的无我则极其自然，母爱更是如此。

小孩是两者的结晶，里面有拼凑、混合、化合，往往是看像谁就像谁，看不像谁就不像谁，这种结合是抽象情感的具体化，也因此，容易作为彼此情感的维系。

有了孩子，好像远离了浪漫，但男女间的实在，却常从这里才开始，逃避孩子的人，往往是多虑了。

婚约里要有一份不泯的童心

与恋爱相比，结婚以后的日子通常很平淡，平淡其实是生活的真相，不怕平淡，就怕老化。

老，是一种时间的必然，逃也逃不过，因此，问题并不在让时间走得慢，而是如禅所说，能否"活在当下"。

"活在当下"，就有新意，许多看来不起眼的事物都会变得真实起来。不过，"活在当下"和一般人所谓"有意义地活着"并不一样。谈意义，往往过于严肃，也常有手段与目的之别；"活在当下"，心境则很轻松，没有非如何不可，但目的里所蕴涵的意义却自然会在手段里出现。而要这样，就必得有一份童心。

童心，在大人世界里本是遥远、美丽、模糊的回忆，然而孩子的出现，会让童心在生活里真实起来，大人世界的思维逻辑及意义设定相较起孩子的童言童语，往往显得笨拙、多虑而可笑。

养孩子会接续上童心，也不只因孩子的童言童语，所谓童心，正是没有负担没有执着，清新地让世界走进来，孩子的成长每日变化，是"日日新"的当下，人就在这里面活了起来。

童心对大人看似遥远，但正如恋爱时每人都是诗人般，这时就有童心，因此能不计现实地享受许多的恋爱乐趣，而这也是恋爱最迷人的地方——彼此在其中创造"不断发现"的快乐，做一些"不断试炼"的游戏。但与孩童世界不同的是，它患得患失，成败对当事者的意义很大，一旦失败，过去恋爱中的每件事，便常转为一种不堪回首的悔恨。"挥一挥衣袖，不带走一片云彩"，通常是一种自我排遣或无情的遁词，真要能"境来即受，缘灭即收"，那是悟者的心境，能如此超越恋爱的"无明"，是千万人不能得的境界。

养孩子，是童心真正的复苏。客观来说，孩子的成长历历如绘，男女在平淡的婚姻或同居后得以在此重新享受"不断发现"的快乐；主观来看，童言童语本身，对枯槁的生命常也能醍醐灌顶。

过去养儿是为防老，孩子世界的意义往往被忽视；现代人从这里解套，养孩子就变成一种快乐。孩子作为两性关系的联结，一方面是因为大人对他共同的爱，另方面也绝不能忽视因孩子所唤起的童心。许多事业心很强、自我期许很高的人，都是在有了孩子后，才真体会到"平常"的意义，生命才活得不那么累。

有小孩是种幸运，不能有，抱个来养是种智慧。毕竟，即使在老夫老妻以恩情为主的世界里，也仍要有一份不泯的童心。

移情与感激

　　与孩子相处，是种既崭新又亲切的经验，亲切的是在中间可以看到自己的影子，崭新的是，那些都是被大人遗忘的世界。过去，孩子比较像资产，爱，往往被裹以其他的外衣，尽管它仍渗透在对下一代每一份的关怀里，但孩子对父母所能起的针砭、吸引与回归却比较隐微。

　　面对小孩，"直接"是不二法门。太多的望子成龙，小孩生命所能呈现的意义反会不见。男女双方为所钟爱的孩子吵架是常见的事，里面牵涉到的多是教育问题，而常常，这个教育却是父母双方一厢情愿的想法，孩子的"本然"不见了，父母却因此产生摩擦。

　　孩子的存在，消极上来说，会使得男女双方因移情而减少摩擦。但仅止于此还不够，如果能让孩子的存在意义成为一种美妙的奇迹，男女在这中间自然会生起感激之心——感激另一半与自己共同创造了这份奇迹。而有了这种感激，生活中许多原先看不顺眼的小毛病，到时都会形同"艺术风格"般，成为增添情趣的小品。

　　让孩子"朗然存在"，说来容易，做来颇难。现代社会中，孩子固已不是大人的附属品，养儿固已不在防老，可还是望子成龙、望女成凤，一份盲目的爱，一种补偿的心理，或一种社会性的虚荣，都使得大人花太多心思在塑造下一代身上。想想，如果把"孩子的教育从零岁开始"看得如此认真，生命会有多累？许多大人希望"孩子，我不要你输在起跑点上"。殊不知人生的转换不因人主观而定，生命其实无时无刻不在新的起跑线，重要的是自己好好地跑，而不是以为有一种客观的"跑得好"。

"从零岁开始""不要输在起跑点上"把父母搞得从胎教起就紧张兮兮，孩子虽成为家庭的重心，但聚焦带来的是新的紧张，新的累。而在这紧张、这累中，生活的情趣不见了，过度的期许反使得对孩子的态度成为婚姻摩擦的新焦点，许多现代人就处在这"面对孩子"与"造就孩子"的夹缝中。

男女关系要走得久，就必须转爱情为恩情。恩情有两种，一种是源于一路走来的包容与默契，另一种则是有了"具体结晶"的感激。养孩子，很辩证的是，如果能让孩子朗然存在，父母反能从其中映照自己生命的足与不足，由此，就又有了彼此关系调整的另个可能。反之，若只将孩子视为防老或自我愿望投射的存在，则他在男女关系上的移情作用就很有限了。

如实观照，如实生活

"情"字要有外延扩大的解释

男女因情而结合，也因情而分开。情之所以由有到无，亲密战友之所以会形同陌路，多数人总将之归于"变心"，而变心，总也离不开道德的自责或他谴。其实，花心无情的人固不少，但多数人在"变"上，也有其一定的无奈。这份无奈，或者是因时移境迁，已无感觉，或者是自陷新欢，不克自拔，单纯道德的谴责，在此往往无济于事。

男女之情，很吊诡的是，愈以为它本质该是不变的，它愈可能变，反之，真正观照到变是它的本质时，它就愈不至于"乱变"。因此，重点不在于不要它变，而是如何去处理它的变。

变发生了，再来处理它，是下下策，最好能带着它变，而落点，就在将彼此之"情"扩大观照地来变。

男女因爱情而吸引，却不能永远溺于爱情。爱情是初期的核心，它很无明，很缘起，很自我却又很无我。人在爱情中炽热地燃烧自己，但没有人能燃烧多久，现实会将人拉回。生命不只是美、激情的自我或相互欣赏，它要吃饭睡觉；语言不可能只是讲对方欢喜的，它还有另外的一些真实。恋爱中无我炽热地燃烧自己，婚后是否就希望另一半要同等乃至更多回报自己，不能看到这些，摩擦就会出现；反之，在爱情之外就会再滋生一些新的东西。

除了爱情，两性还得有些友情。友情是道义之交，是欣赏了对方最重要的部分，相知交心而能不顾小节，这点与爱情不同。爱情盲目，常是迷迷糊糊欣赏一个人，欣赏之后，眼中就再也揉不进一粒沙子，如此，不分手也难。

友情之外，也应该有亲情。长期生活在一起，就是家人，小孩的出现尤其能强化这种关系。亲情，如果能细细领略，就会有多生多世、无尽因缘才臻于此的感受，"百年修得同船渡，百世修得共枕眠"，这看来是老掉牙的话，但成了家人，另一半就不只是姻亲，还是血亲。到此，就再也不只是好聚好散的层次。

好好体会亲情，恩情自会涌现，一份感激相惜，会是男女生命中最大的支撑，可以缘起缘灭、无怨无悔。

从爱情的激情，到友情的相知、亲情的接纳、恩情的感激，这就是"变"，"变"得更丰厚，"变"中自有永恒。禅讲"一日有一日的领会，十年有十年的风光"，爱情正该如此。

男女相遇是"不可思议"之事

现在是个契约社会，人与人之间的关系因此常可以称斤论两，从公平性来讲是进步了，但如果过度执取这种立场，让生命同样成为可以转换的物品，则生命的价值尊严如何呈现，恐怕也是个问题。

从缘起的角度来谛观事物，在缘起缘灭的体会中，自然会生起一种神秘之感，这种神秘不是对未知的好奇与恐惧，而是真正不可思议的感叹。想想，尽管事物的起落必有因果，但在芸芸众生、茫茫人海中，两人竟可以如此相遇，如此密切，除了"不可思议"外，你还能说些什么？！

"缘分"，是过去大家对此的解释，这解释使生命充满敬畏、妥协，但也让人发挥韧性、潜力。宿命不是缘起观照的立场，所谓道心，是对因缘不可思议的领受，这领受及于愈多事务，你处事待人，应对万物就会愈谦卑无我，反之，若以为许多与己相关的事务本就该如此存在，就不容易返求诸我，也所以，连虚空都要粉碎的禅者，对缘分也必得有一份基本的谦卑。

在"不可思议"的观照中，一些平时没注意到的美会蹦跳出来。许多男女的分开，往往来自看不惯对方的小毛病，但毛病人人都有，"人无癖不立"，真正完美无缺的人也就无所谓风格特色，而毛病的大或小，甚至是不是该叫毛病，就看你如何看它。"美"，毕竟总有它异于常规之处！

在"不可思议"的观照中，男女间的聚散就不只是"合则来，不合则去"，男男女女是生命一大公案的意义，在此也才会得到更大的彰显。

以人有限的智慧，"不可思议"应该是面对宇宙人生最基本的态度，这种观照当然也适用于亲人、朋友。只是，亲人太近，朋友太疏，而男女之间原是两个无血缘关系的人，却必须共同创造较血亲更亲密的生活，这能不让人觉得不可思议吗？只可惜，现代人总以为随着社会的"自由开放"，自己在处理两性关系上有条件较其他历史时期的人更为狂妄，也难怪不少人反因此自噬其身了。

识得时间的奥秘，即是大悟底人

曾有一位禅师说过："识得时间的奥秘，即是大悟底人。"生住异灭、成住坏空、物起物落、缘生缘灭，这些都从"时间"立言。大至宇宙，小至微尘，总要能从时间坐标来观照。人，也不例外。

孔子说："君子有三戒：少之时，血气未定，戒之在色；及其壮也，血气方刚，戒之在斗；及其老也，血气既衰，戒之在得。"这是时间上的智者之言。两性之间同样有这人生阶段的局限。

正如：年轻时哪晓得什么叫真爱，有的往往只是新鲜、斗气。君不见许多年轻人一起追"女朋友"，只为了刺激、赌个输赢，而一旦分离又有多少是真的不能相处在一起？

中壮年之后，生命有了一些物质基础，人也不再像轻狂少年时的浪漫。浪漫，看来轻狂，却还未定，可以调整，中壮年则生命已定型，反而不易改变，不易妥协，而冷漠或自我也常使两性间变得很生物性，爱与性分家。

进入老年，一切都逐渐萎缩。在男性为尊的社会里，女人也许只能寄托于儿女；男人不同，他会在还有余力时去追寻生命最后的春天，此时，豆蔻年华的少女对他会有无限的吸引，许多才学渊博、德高望重之士就如此栽在外人认为少不更事、言语无味的小女生身上。

不同生命阶段有不同生命阶段的特色,"三十而立,四十而不惑,五十而知天命,六十而耳顺,七十而从心所欲不逾矩。"能在此观照,生命的风光会始终明媚,不在此观照,烦恼就随之而来。禅者常谓人生是"春花、夏鸟、秋枫、冬雪"。只有如此,生命才可能丰富,男女间亦然。可惜的是,众生对男女却总有其"永恒"的迷思,性如此,爱也如此。

永远保持性活力是许多人的梦想,却不知人的体能过了二十、二十五就"自然"下降,问题只在曲线的陡平而已,但这个"性妄想"却浪费了多少人的时光,也让性与爱更加脱离。

永恒的爱也是许多人的梦想,却不知爱的缘起性最高,无明性最强,最容易变动,而这个"爱妄想"就让许多人不知如何地自我折磨,拒绝长大。

因此,皱纹来了,就让它来吧!人能观照的是,这皱纹是因生活颠倒所致,还是自然而来,来了之后,生命是否又另有一番风光?两性间也是如此,年少轻狂的爱、中年稳重的爱、老年平静的爱,乃至外人无可理解的忘年之爱,这些,当事人都必须去观照:"时间"在其中到底担当了什么角色。

什么时节就该有什么风光

就因缘法立场,"变"才是常态,在这根柢意义上,要求绝对的爱情诺言,就是一种无知。更何况,爱情的盲动性正预示了它是最善变的。

"变",以旧的角度来看是破灭,但从另个观点来说,反倒是一种新生,而究竟是破灭还是新生,往往只在一心之转。

执着于不变,终归还是要痛苦于幻灭,但以因缘法作为爱情可以变的理由,也并不真正了解因缘法。对因缘法的真实体会,除了在了解因缘和合的本质之外,更须有"不违因缘"的观照。

所谓不违因缘,亦即体认自己也是因缘中的一分子,不妄自尊大地以为其他因缘都为自己而备。只有在这种互为因缘的体会与尊重下,生命真正的互动才可能,否则,站在自己的观点要变即变,必然由亲而怨,只会反噬苦果。

了解因缘法的人,必定是个对人、对生命、对环境有触动、有感觉的人,这样的人也才可能谈到"新爱"的孳生。新爱指的并不是随着自己的高兴寻找另一个新欢,而是体会自己作为因缘中的一分子,与原先所爱之人因生活而创发出的部分。生命因此既能不执于假象的不变,也不会因变而丧失了着力点。时间在此,也就不再只是爱情的天堑，反可能变成升华爱情、沉潜生命的要件。

的确，所谓生命，正乃："春花、夏鸟、秋枫、冬雪"。什么时节就该有什么风光，重要的不是去感伤、去抱怨，而是去承担、去欣赏。如果要以情入道，或借道谈情，恐怕再也没有比这句话更适当的了。

与时间拔河，生命注定是永远的输家，死命拉住青春与希冀永恒爱情，是人类在时间观照上的最大盲点，它总让你更劳神顿形，仓惶度日。其实，跃入时间之河，你反能真正领受两岸风光，男女间，爱一年要有一年的感觉，爱十年要有十年的领略，如果"十年如一日"，那不就等于只活了一天？

因此，要知道爱情婚姻会不会出问题，回过头去看看自己是不是一直在使用相同的语言与对方争辩，也就能思过半了！

以惜福超越现实与完美间的落差

生命本质是受局限的,而追求完美则是冲破现实的动力,但吊诡的是,完美本身也是一种妄想,因此,如何在这两者间取得有机调适,就是生命的大学问。坦白说,何谓理想、何谓幻想,作为人,常也只能有"后来的先见之明"。

男女间也如此,挑个对象,谁都想挑最好的,但问题是,你看上人家,人家不见得看上你,而你又怎么知道现在认为最好的——即使对方不变,以后自己还会认为最好呢?两情之间正是生命的缩影,认命与无尽的追逐,一般人不落于此,就落于彼,那有没有可能在现状拥有与追求理想间得到平衡呢?

谈平衡,不如谈连结,让现状逐渐理想化,两者就不再是对立的概念,而要如此,"惜福"就是其中的关键。真正地珍惜既有,你反会在生活里看到平时见不到的,而因这处处的领略,生活乃愈形丰富,丰硕的未来就由此而生。在此,现实是趋往理想的进行式,甚且你更因此能丢掉理想的"虚妄性",让自己活于当下,至此,现实与理想就乃一事了。

珍惜既有,当然不同于对现实妥协。不过,现实既充满局限,要珍惜,就非道德教诲可以成事,否则,又落于宿命了。

珍惜既有，要从"珍惜"的更深意义观照起。惜福，一般都只从"对既有珍惜"来谈，但这种珍惜，有时只是保守、不安全感的投射。"少用一点"的观念并不一定会带来美满，相反地，它往往窒碍了生命空间的拓展。

真正的惜福，乃因观照生命共同本质的局限而生。无论帝王将相、贩夫走卒，面对类如死生的困境，其实都是平等的，都是同样"不自由"的。由这种对生命天堑的观照，人对其他生命乃自然生出同体感、平等观，就会珍惜自己比其他生命更多的部分，"余何德何能，以至于斯"，是这时的自然感慨。生命会往下比，而不会像平常人一样，"人比人、气死人"。

这个往下比，不是故步自封，他会想到回馈。许多宗教行者、信徒之所以能广行布施，主要就来自这种情怀。惜福，使自己想付出更多，但"己愈予人己愈多"，生命反更为丰厚。在男女间，能体会彼此因缘的"不可思议"，自然会生起这种深层的惜福观照，在现实与圆满间寻得两者的连接。

有个要小孩子在进花园后拿一块最大石头出园的寓言故事，故事中，有人拿大，有人拿小，也有人最后什么都没拿到。没拿到的是一路想着还有更大的，拿大的也有人嫌小，拿小的却有人庆幸拿到大。种种众生相中，又有多少人能去体会：为什么自己在那一刻下或不下决定的"不可思议"呢？而一个人如能有这种对自我局限的返观，无论分合也才能找到自己最好的选择。

如实观照，如实生活

概念的学问是有限的，禅认为人的烦恼根柢就来自二元分割的习性，因此，如何能统合乃至超越二元概念的矛盾，就是生命境界高低的关键。男女间也不例外，如何统合性与爱、恩与情、永远的无明冲动与老化的生理机能、新的追求与旧的厮守，现实的接受与理想的追求，就是男男女女公案是否参得透的关键。

对二元分割最究竟也最根柢的超越，在佛家来说是"真空妙有，随缘做主"。在男女间的超越，我们也应在"缘起"，以及看来与它相对的"当下"作最根柢的观照。

缘起是无尽的，以它无尽而想掌握它，是种无明，而以为无尽，因此任它转，又堕入另一端，其实，无尽的缘起既来自刹那生灭的相续，因此，不论"缘起"是如何久远复杂，你也只能把握"当下"，而其实更深的领会是你把握了当下，也就能在"缘起"之流中"做主"了。

"当下"，指的是时时刻刻如实地生活，要像蚕吐丝般，一缕缕、不含糊地吐出。日本有位诗人说："痛苦的时候，就走着痛苦的小径以度日；愉悦的时候，就走着愉悦的大道以度日。精心地、一念地走去，那朦胧的真实就会显现。"该哭的时候要认真地哭，该笑的时候要认真地笑，就像武侠人物招式不能用老般，要让日子迭有新意。禅语所谓"识得时间的奥秘"，关键正在"当下"。时间可能是爱情的大敌，但掌握了"当下"，人既与时间合流，也就超越了时间，"万古长空"，乃可以在"一朝风月"中显现。坦白说，男女间若要像爱情小说写的"十年如一日"，那是炼狱，绝非天堂。

行者与凡夫的不同是实在与虚妄的差别，而实在，即是如实地观照与如实地生活，如实地观照男女，就必须把男男女女视为生命的大公案，而公案本就有其知识无解的矛盾，就像为了僧众争猫而斩猫的"南泉斩猫"[1]（按理说，佛戒是不杀生的）。也像僧人逢女子投怀送抱，吟出"枯木倚寒岩，三冬无暖气"而遭逐的"婆子烧庵"（这僧人不正合了佛制吗），男女间也有太多这般理性或知识无以根本解决的矛盾，而其超越则只能来自对缘起甚深的观照与对当下生活如实的领会。

生命的问题只能用生命的学问来解决，生命的因缘也必得以生命的态度来面对，本立而道生。可惜的是，现在的男女有太多的知识、太多的理念，却正少了这点对生命的如实与返观。

---

[1] 出《景德传灯录》南泉普愿："师因东西两堂各争猫儿，师遇之，白众曰：'道得即救取猫儿，道不得即斩却也。'众无对，师便斩之。"

附录

一朝风月　万古长空

采访者：孙小宁
受访者：林谷芳
时间：2007 年

　　1995 年初识，2003 年合作完成《十年去来——一个台湾文化人眼中的大陆》，我和台湾禅者林谷芳老师的往来，不知不觉已有十年之久。在我们之间的十年去来中，我一直认为自己是受惠的一位，不仅可以聆听他的教诲，还能随时随地向他请教许多禅宗与艺术的问题。更幸运的是，我是他许多著作的最早一批读者之一。甚至可以说，几乎在我看到他的音乐美学论著《谛观有情——中国音乐里的人文世界》那时起，就已接触到了他的这本《性是生命的一大公案》（本书台湾版书名）。相比那部盘片与文字同样精美的音乐美学论著，《性是生命的一大公案》的确只能算部薄册子，拿到它时，我还只是个刚在婚姻里打转的小女子。如今岁月更迭，世事变迁，也渐渐生出对婚姻与男女之事的无限感慨。内心惶惑中，总庆幸有林老师这本书相伴。一个禅者对尘世男女情事的体察与洞悉，那种"以一朝风月映现万古长空"的功力，我是随着年龄与阅历的增长才参透出来的，并且现在越来越相信，很多人也会如我一样，在不同年龄读出不同的况味。

一、生命的问题只能用生命的学问解决

孙：这本书陪伴了我好多年，也常向朋友提起。我发现一个有趣的现象：当我和别人提起很多您的禅书与音乐著作时，他们眼中只有敬畏，但提到这本书的书名，他们就会立即说：哦，有这么一本书，借我看看。我能明白他们眼中的惊讶，就是一个禅者，竟然可以写这样一本涉及男女性爱婚姻的书。是不是当年台湾报纸开始连载这些文章时，朋友们也觉得很跳？

林：禅，当然可以也必须观照万物，否则它所谓的道就不成其为道了。但写这些文章，如你所说，在熟识的朋友圈中，的确是会觉得不可思议。我经常和人说，如果在我身上，出现有外人觉得不可解的事时，背后总有一段特殊的缘分与情分。这件事也一样。周本骥是我的老朋友，也像我的学生，1995年她在一家报刊负责家庭版面。版面的标题就叫"男男女女"，内容更清一色都是男女之事，从生理谈到心理。由于台湾媒体的竞争，这样的版面还经常盛载一些比较露骨、膻色的内容。本骥感觉到，这些文章看似在为男女之事解套，却反而更深地让人搅在里面，读跟写的人都仿佛被一根无形的葛藤困住。后来她看到我那篇《世情与道缘》的文章，论及世间情分与入道因缘。中间提到虚云和尚71岁时，接到与他相隔51年之久的妻子、如今也是出家人的比丘尼来信（信，事实上是血泪交织而成的情书），而我并不以一般对出家众感情的惯性观点来谈此事。本骥读了深有触动，认为我应该能跳出一般人谈爱情婚姻的说法，为现代人提供一个禅者的观照。于是我就应邀写了这个专栏。

孙：您的文章出现，并不会改变版面性质。所以可以想见文章出现在那里，是多么异样的存在：一边可能是火辣辣的情色技巧，一边又是您作为禅者娓娓道缘起说观照。回头看，能以禅者身份出现在这样的版面上，也还是需要勇气的吧。

林：禅者随缘做主，我这人做事就这样，答应了就去写，不去想那么多。当时写得很随性，写完后发觉，52篇原来也可自成体系。就像我后来写禅书《禅——两刃相交》一样……

孙：有佛学家说您的禅书《禅——两刃相交》，是林谷芳从自己口袋里掏出来的东西。我看这部书，有同样的感觉。最大的感受是体贴。您对爱情的变与不变，对外遇的解读，都不是简单的一个是非判断，而是先观照缘起，然后梳理中间的脉络，目的不是让我们得到结论，而是认识生命本身。

林：这本小书当年在台湾出版，算不上主流。因为大家谈男女都不是这样谈的。但确实有文化人为这本小书感谢我，包括一些台面上的。他们看来对文化上的事情非常精到，甚至在某个领域领一时一地风骚，但面对生命中的切身问题，却显得无能为力。我理解，这本书至少为他们的生命做了一些点醒。而这种观照，又不是台湾那些惯于谈男女爱情婚姻的专家所能给予的，好像谈男女、性与婚姻，就一定非要涉及对情色技巧、权利义务的辨析，才可窥见实相。

孙：您说到看来文化层次很高的文化人，也在婚姻爱情方面深陷泥沼，这一点我愈来愈有感觉。我经常见到的悖论是，那些经常为大家排解心理问题的专家，经常自我崩溃；而一些好谈夫妻之道的专家，自家事情则一团糟。所以，我特别认同您书中的一句话："生命的问题需要生命的学问来解决，生命的因缘也得以生命的态度来面对。"有些文化人，不缺专业知识，但唯独缺生命的学问。甚至不一定理解什么叫生命的学问，所以就不可亲不可敬。

林：这本书里有一个词句，我在台湾常用。也是佛教的词汇，叫观照。观照其实就是整体而透彻地看待与自己有关的事物，在理智与情感方面因此能达到一种平衡。观照要做到的首先是如实，要不带成见，最终达到整体、透彻又不失有情。这样的一种态度，其实是现代学问最欠缺的。相对于整体，现代的学问是分割；相对于透彻，现代的学问喜欢在现象上做分析；相对于有情，大部分现代学问都跟我们的生命本身没多大关系。因为太强调学问研究的客观，反而跟自己的生命不能相应，也就无法解决生命本身的困境。当然，现代的学问会从所谓的客观中抽取一些应对的方法，或说是一种技巧，但它是否有效，就生命而言，还取决于后面一个更根本的态度问题。也就是说，如果我们把任何事物当成可以算计的、可以工具性使用时，想更深地解决自己或别人的问题就很困难。两性之间必然是两个人的事情，必须如实地看待自己，也必须同理心地看待对方。

二、现代的性研究虽多，但生命的迷失也多

孙：虽然您特别强调生命的学问，但我感觉，即使从现在的科学角度讲，您也提出了一些我们对自己的身体不自知的地方。您特别指出男女性爱时的曲线差异，还有现代人性认识的误区。依您的观

点，性并不像我们想象中那样重要无比。因为每个个体生命都是一个自体的世界，而现代人常常要在别人眼中显得正常而去结婚或过有性的生活。许多的人生悲剧就此发生。

林：我们常说知识决定态度，实际上态度也决定知识。我们对性的知识，好像现在研究得更多更细了，事实上迷失与误区更多。对性的态度未见得就一定比古人更成熟。

我们的态度在影响着知识。回到对性的论述上，现代人往往将性的作用扩充到一种无以复加的地步。于是当面对一个行者，或某些有别于普通生活方式，基本上不一定有所谓性生活的人时，就会以非常奇怪的态度对待他们，认为他们生理不正常，这个极端与礼教杀人的极端同样极端。而这里面的原因则在于，我们现在对科学的研究，与人文的态度，基本上是属于道家所讲的，"顺者成人"的思维，就是将一切放在"人"的基点上来谈，其实已经预设好了一个前提：存在就是合理。正是这种所谓的合理性，把性的重要扩充到极致。

然而，现代人在"存在就是合理"之上，却也自我悖反，尤其对性，反正跟多数人不一样的就不对，现代学问过度的统计性，让我们没法看到每个活生生的生命及其可能。

孙：您在书中有一句话：人是在受限或"自我设限"中，才有所谓超越自由的，对道德与性这两种"限制"，都应作如是观。我觉得特别值得现代人咀嚼。

林：这本书中的许多看法，比如阴阳平衡，男人火性、女人水性，所谓"精满不思淫"等，都来自古老的智慧。另外我更强调，每个人都该有对应自己的观照。也就是说，一件事对一个人有多重要，是因人而异的。性如果真的那么重要，或者是绝对重要，那世界上就不会有这么多形形色色的人与不同的人生情境。我们现在对性，似乎有一个客观的知识系统，却反而限制了人对性的主体选择。

孙：那是不是说，过去的学问在这一领域更贴近您所说的生命的学问？

林：有一点是必须拈提出来的，过去的学问中，人是可以讲自我超越的，但现在的学问往往把超越视为虚妄，古典艺术要谈人生的境界，而现代艺术的伟大则被界定为深刻写出生命的困境，自然更强调"存在就是合理"。这种想法也成为人不能自我超越的障碍。

孙：为什么会出现这样的分野？

林：现代学问所以会成为这样，有它的历史背景，一个是西方文明的影响，几百年来西方文明是一个渐渐脱离神权的过程，所以有人文主义的勃兴，强调人的主体意识。

另外，就是多元文化的因素。当我们发现许多人和我们不一样时，我们固然采取了宽容的态度，但也容易在价值相对观中，迷失了价值。

三、艺术家的创造性与性一定有关吗

孙：现在的社会价值愈来愈多元而宽容，谈到两性之间的事情，有一种看法已经被社会公认，那就是艺术家的创造是与性有关的。

所以艺术家多谈谈恋爱,有点什么花边新闻,好像是可以原谅的。他们自己也举出一大串例子,比如诗人歌德80岁还在谈恋爱,就能证明还有创造力。您在这本书中为普通人提出了爱情、性与婚姻的解决之道,我想知道,艺术家在这方面能不能有所例外?就是说,他们为了维系艺术的创造力,是否可以不用顾忌许多,经历就好?

林:我在这本书上谈到了大家的共通性,但也试图提出各种的可能。比如我们都会讲灵肉一体,但很少有人像我这样谈到性和爱时,强调爱对性曲线差异所起到的决定性作用。说到性与创造力的关系,这里面即使有一定程度的常态性存在,也被我们固有的思维锁住了。举个例子来讲,在东方,在禅,有"无心的创作"。那些伟大的禅画如牧谿的《六柿图》、梁楷的《泼墨仙人图》,可以说没有一幅是建基在性压抑或性冲动下产生的。我可以问大家:王维的《辋川诗》或"掬水月在手,弄花香满衣"这种禅诗和性有什么关联?你说因为它们很淡然,那我告诉你,禅宗那些只破不立的禅诗,例如临济义玄的"孤轮独照江山静,自笑一声天地惊"、无学祖元面临元军刀剑临颈时吟出的"乾坤无地卓孤筇,且喜人空法亦空;珍重大元三尺剑,电光影里斩春风",还有那些直截跃动的禅画,如八大的《八哥》,无论是吐纳乾坤、死生一如或杀活同时、机趣横生,生命能量都够惊人了吧!但是,它跟性的得与不得有什么关系?

孙:但艺术家不一定都是修行人或一定要做修行人。有时候他们反而不喜欢宗教所谓的戒律来限制他们的自由创造。

林:这一点矛盾当然是存在的。许多人谈到关于宗教与艺术的结合时，会特别强调它们都是人类心灵的重要领域。但我们还是不应回避它一定程度上的彼此矛盾。因为宗教的戒律本身，就是要规范制约人的自由，用我的讲法就是首先得牺牲你的小自由，来换得未来的大自由。尤其像律宗这样的宗派，更是强调要借由丢掉坏的而去追寻好的，隐恶扬善，由戒生定，由定生慧。这种对冲动本能采取的排斥与压抑，的确会让创造力下降。但也要看到，艺术家的局限正来自这种不能超越或者不想超越的想法。

性是生命原始的本能，也就是佛教讲的无明。在诸多无明中，性有它根柢的位置，因此超越也格外困难，但这不代表它不能超越。更何况性再怎么重要，也绝不能取代其他的无明冲动。举例来说，当人处于饥寒交迫时，谁还会想到性？这时，食的欲望会远远超越性的欲望。人在面对不同的生命境遇时，特定的本能就会投射或寄托到特定的价值。性这时就不是主宰能量，甚至会居于边缘。弗洛伊德的问题就在将一切都归于性，就像有一阵子，台湾新潮的建筑学者觉得满城的高楼都是男性生殖器的投射般，实际上是极度简化了生命。你想，他要建房子，能有多大选择，直的你说是男性的性征，圆的你又说是女性的性征，整天僵在那里，当然就无超越的可能。而艺术家如果不在这里超越，艺术的格局必然不会太大。所以许多有心的艺术家，最后会很自然地寻求艺术与宗教的结合——道艺一体。

孙：那您认为，宗教会对艺术起到怎样的帮助？

林：回到禅教密，禅本身就是"本来无一物，何处惹尘埃"。一切都回到那不动而能观的智慧。所以那种有形有相的性，哪里熏染得了他？艺术家要是有了这气魄，也就有了不拘泥于一切的无边创造力。再说到密，密宗之所以把性作为修行的手段，它用的是"转"的方式。转识成智，能量是中性的，就看你转到哪里去。所以才有转五毒成五智的说法。

孙：什么叫转五毒成五智？

林：密宗认为人类生命的受限，来自五种本能、冲动，或佛家讲的无明：贪、嗔、痴、慢、疑。这五种毒素从显教的观点，应该摒弃。密宗则采取一种能量转换的观点，意思是说，能量是中性的，你方向错了，这五种能量就变成毒素。说真的，你要做坏事，还得有做坏事的能量。而如果能把这能量引到好的方面去，能量大的人，成就当然就快，于是，放下屠刀就立地成佛。五毒的存在，就因为主体过强，有我执在，要去掉它不容易，所以须学会转。比如贪，中性点讲，就是欲求，它能让你深入对象，转好就会成就你的妙观察智。嗔就是愤怒，会愤怒正因全体投入，转后就成为得其全体的大圆镜智。痴，就是对事物痴迷，也就是一种坚持，转好就成就不动的法界体性智。慢，是站在我的立场看待事物，骄傲自大，但就因最具主体，转后乃成为应对万法皆沉着自若的平等性智。疑，是嫉妒离间之心，而会如此，正因对所做关心最深，转后就成为令诸法成就的成所作智。所以说，从密宗的角度看，性也只是能量的一种外显而已，如果通过转，得到诸多智慧，艺术与生命的层次自然提升，也就不须借助所谓性的吸引了。

四、婚姻最重要的事情是：走过来了

孙：您的这本书当然每个人看了都各有体悟，但我一直认为，婚姻里毕竟是两个人，不一定大家认识都同步。所以我觉得，即使真正照您说的做，有的婚姻还是无法往下走。

林：当然如此。佛家讲因缘嘛。男女要和合，总要两边。但是当一边柔软了，和合的可能性就更大，不能要求两边都同时柔软。如果你柔软了婚姻还不合，所谓因缘对佛家来讲，就是缘来则聚，缘尽则散，关键是心中不要留下遗憾。人在缘聚缘散中为什么有遗憾，是因为我们做了错误选择才懊悔。举个例子讲，我们都走过青涩的少年，也在那时做错过很多事。但到中年以后，不见得会因此而后悔。因为年少轻狂本来就可能做错事，重要的是，我们走过来了。所以谈婚姻，"走过来"是个关键，问题是要有走过来的智慧。两人共同走过来是最好的，不行的话，就一个人走过来，往后还很长，就好像我书中讲的，观照到失恋也不失为一种福气，其实也就完成了一种超越。

孙：说到婚姻中的事情，我常想到苏格拉底这个例子。按理说他是最有智慧之人，但碰到一个泼妇般的老婆，所有的智慧还是用不太上。

林：苏格拉底的故事你可以从几个方面来参。第一，你可能得出结论：原来哲学家是搞不好日常生活的。第二，也许哲学家就应该有这样的老婆，生命才会平衡。第三，也许是因为有这个老婆，他才成为哲学家。

孙：这句话听来很有趣，又很玄妙。怎么解呢？

林：哲学家的学问有多高深和婚姻问题处理得好不好，并没有必然关联，因为婚姻从来不是靠理论来解决的。婚姻是实践，同时又永远是个案。概念、原则不能用来处理日常事务，尤其是活生生的事物。不只哲学家，学者在婚姻里，也会深感学问是无用的。

为什么我要说哲学家有这样的老婆，生命才会平衡？因为作为人，都有形上与形下两面。光是形而上，生命会有另一形式的偏枯，易落入另一种偏执，甚至孤僻离群。婚姻会让人回到形而下，柴米油盐酱醋茶，婆婆妈妈，看似没什么伟大的道理，但人类不就这样走了过来？

最后，为什么还说有这样的老婆才会出现哲学家？如果哲学只是高蹈玄虚，这个哲学就不会引起真实的共鸣。想法要能引起共鸣，多少要来自哲学家自身的生命经验。这些经验经过投射转型、反思观照，才成为打动人心的道理。而当哲学家处理不好婚姻时，这种生命的困境，自然会变成他所要参的公案，成为他最贴切的经验。所以看来小小的家庭，也许是一切大事情的动力来源。这点，一定要被我们观照到。

当我们评说一个伟大的历史人物时，总容易从他对我们的成就来论列他，却少回到他自体的生命立场，看到他活脱脱生命中的所见所闻，来想他标举的学说与生命的关系。换句话说，就是无法对他做到如实的认知。也就是从这个角度讲，我还满同情苏格拉底先生的，他就是身边的事情搞不好，只好去做伟大的事情。我也可以谅解地这样说，也许苏格拉底本来没想当哲学家，有了这个老婆，就只好变哲学家了。

孙：那回到您的婚姻，又该如何评价？

林：台湾媒体看我的婚姻，喜欢下这样的结论：林谷芳是文化界的好男人。他们对我的印象是满顾家的，跟家人感情也非常好。但其实这种好，也不是一结婚就如此的，也是经过吵闹的过程。

孙：我觉得小狗师母（林谷芳太太的小名）在您面前，还像个孩子。

林：我和她年龄相差十三岁，但因为我很早就观照生死，心理年龄其实比同侪大。你在台湾可以看到，跟我同辈的人，对我都像对待长辈。也因此，老婆和我的真实差距可能要有三十岁。我因为自己事情多，见到的场面也多，坦白说，世间事能引起自己兴趣与响应的也就不多。但对她来讲，这样跟着我就不公平，她可能一切都还在尝试。

还有男女或我和她之间的不同也在于，我可以吵完架继续去做事，她可能就气得坐都坐不下。这些都必须经过一种观照、互动与磨合。但我们的磨合，好的地方则在于：因为有了事前的观照，所以双方再怎么磨合得难，都不会发展到不可收拾的程度。

孙：您书中说的那点很重要，就是要学会欣赏对方的缺点。

林：我们之所以感觉那是缺点，也是从我们角度来看的，不放在自我的观点，那就不叫缺点，叫现象。我们真的不需要对一个现象太起心动念。这点我算做得不错。就好像我的孩子不喜欢读书，我也不认为是缺点，它是现象。毕竟转念一想，他老爸那么能读书，成就也就这么小，就不敢叫他读书了。本来，如果你在婚姻中完全要找一个和你一模一样的，那婚姻也就只是自我的慰藉而已。这方面看开了，就不会只站在自己一方作价值判断。许多事物就是现象嘛。比如牙膏到底应该从中间挤还是从后面挤，有多重要？但在有的婚姻里，吵架就从这里开始。

孙：有的时候，您把它看成现象，她不看成现象，那她就会比您生很多气。

林：气气无妨啊，本质没变，气都不会积太长。人都有气，婚姻的不合，大多因为郁积长久才有的。有时候气也是一种现象。我们就是把气当本质、当价值，才会愈想愈气。

孙：那您觉得和您一起生活，她是不是也在长进？

林：何止她长进，我也在长进，非常明显，这几年我们吵架，最多不会超过10分钟，大家都不喜欢那气氛，而且也学会了找台阶就下。

五、孩子在婚姻中，是束缚力还是巩固剂

孙：在您和我父母那一代不成问题的问题，在当今我们这代或更新一代，却成为一个很大的问题。就是要不要孩子。我身边有很多朋友，都已经选择要做丁克族，而且也挺快乐的。您在书中特别强调孩子在婚姻中的重要性，是不是要规劝大家改变想法。

林：从因缘上讲，如果不能有孩子就不能有孩子，不一定要把它当成生命的遗憾，有些事物的遗憾，是因为你认为它是遗憾才成为遗憾。也有人还把有了孩子当成遗憾。从空的角度讲，到最后你本来就什么都没有，但从有的角度看，任何的缘起也都可以有绝对的意义。所以，孩子的出现，就是一门功课，它带来的意义更常是你最先没想到的。对我也如此，即使作为一个禅者。

孙：什么样的功课？

林：首先有一些常情。他是你的骨肉，人看自己当然愈看愈满意。但这还不是主要的。你会发现，有一条两代间的神秘生命链条将你们连接在一起。他受伤了你会痛，或至少瞬间会有反应，这当然也牵扯到你的无明。但从这里学会如何用欣赏的角度看待一个跟你有那么深关系的生命，的确是一种修行与成长。

孙：我读过当年您的孩子雨菴出生时，台湾记者访问您的文章，那篇写得真是感人至深。我记得那上面说，孩子刚出生几天，您就对他说过一番话：在永世的轮回中，希望这是你的最后一趟。你我有缘成父子，我会尽心待你，但是，希望这是最后一世。

禅者总是惜福，善待生命之缘。而现代人则经常搅在一些自我感情的葛藤中，应对不了孩子给婚姻带来的功课。以前大家认为有了孩子婚姻会稳固，现在则常听人说：那怎么办，为了孩子，就合了。好像有诸种的妥协是因为孩子。还有一种，就是奉子成婚。看来是对性爱结果的承担，毕竟和先成婚后有子不同。

林：现在看来的妥协也许将来看未必是妥协。我的意思是说：

当你认为孩子束缚你的选择时,也许从长远看,它就是巩固剂的同义词。

孩子到底在婚姻中起什么作用,我想从性在人类生活中的存在说起。性的存在,从生物角度讲,就是物种延续,传宗接代。这听起来很不浪漫,但对多数生物来说就是这样。要到了人这一层次,才有了不为生殖的欢娱。最明显的区别是,人没有春情发动期。但无论如何,传续下代仍是两性结合的根本。何况,人和绝大多数动物生育孩子还有个不同:有些动物和孩子的关系是短暂的,甚至可能一出生就离开了,而人类则是终生的。从这角度讲,为了孩子在一起,并没有什么过错,反而显示出人和动物繁殖的不同。所以,孩子的出现,会使家庭成为更稳定的三角关系。当然,如果两个大人之间没有交集,只和孩子有交集,那又回到了某种比较先天的生物性存在。

孙: 我想那些抱怨者说东道西就是说的这一点,两个大人彼此很疏远,所以才会有时怪罪到孩子。这让更年轻的一代倒回来忧惧孩子的出生。

林: 这事完全可以两面观。两性关系的脆弱,是因为来自不同的背景,现代社会又愈来愈强调独立的个体。相对之下,性与婚姻的纽带作用就减弱了。但孩子与两个大人之间的纽带关系,则是先天性的,这的确会使原来脆弱的男女关系变得加强与巩固。

如果婚姻中,我们对所有增强纽带的关系,一味地都想成束缚的话,这个人的心理可能并不适合婚姻。现在都讲所谓开放的婚姻,但话说回来,这开放也不能就一味想下去,不然何必要结婚呢?所以是束缚还是巩固剂,还是看法不同的问题。

孙:您刚才讲只有人类与孩子的关系是终生的,不过,当今年轻的父母一般会认为,自己和孩子真正相处,也就是孩子在18岁之前。之后孩子会离家上学,以后工作可能都在千里之外,彼此之间变成一种情感的牵连。

林:这也是终生的关系。这种关系在不同社会形态体现得不同,比如西方社会,孩子与大人最后也不住一起,彼此变得愈来愈像朋友——当然是特殊的朋友,那种关系其实也不错。

孙:那您提到的"以子为师"这一概念,指的只能是孩子18岁以前吧?他的成长等于补足了你的记忆空白。

林:当然,之后他就不是孩子,所以我们就不一定以他为师了。我说的以子为师,不是单纯地要以自己的孩子为师,而是要以孩子身上那种自性天真的生命特质为师。因为我们已经丧失了那种童贞、那种天真与创造力,所以要在孩子身上找回来——孩子就像我们的分身,在这方面对我们当然会有更深的冲击。

孙:但是对孩子的成长,大人无法不投注一些希望。所以一方面欣悦于他的自性天真,另一方面,可能又希望他能顺应这个时代的脉搏,走得更顺一点。所以又忍不住要对他的行为做一些矫正,或者说是教育。以子为师的同时,又在抑制这种宝贵的生命特质。您个人对孩子是一直持欣赏态度的,也就是采取了"放牛吃草"的方式。我想知道这中间的尺度是怎样的？

林：我的经验是个案。我想如果一个人能够一定程度超越世俗对所谓成功失败的定义，他欣赏孩子自我成长的空间就会大一些。很多人希望孩子实现自己没能实现的愿望，很多人希望孩子照着自己的模式做，或是顺应社会潮流，不要输在起跑线，不容许孩子的成长在我们的预想之外，这些想法都很俗世性。这样给予孩子的人生就像跑百米，跑道只有那一条，于是只能在一个标准下论胜负、看成败。我觉得不妨就把人生看作爬山，你上到山巅有山巅的风光，在山巅，极目千里，可也不免高处不胜寒；上到山腰有山腰的风光，在山腰，驻足回望，也有可能满目青山。从这个角度看，成就自然不只有一套标准，体会到这点，你才容易欣赏不同的人，欣赏孩子所选择的路。

孙：那如果孩子非常叛逆，不合常规呢？

林：只要不杀人放火，就不算叛逆。我自己就不是个常规下的人。常规不常规、主流不主流，就要看你从哪个角度看。不同社会其实主流也不一样。到底谁是主流非主流，谁是常规非常规，都是可以随时位移的。对我来讲，只有侵犯到人类的普世价值，那才叫非常规。这样一想，心就宽了，养孩子就没什么压力了。

孙：难道非要等到孩子侵犯到人类的普世价值才去阻止吗？不应该防微杜渐吗？

林：教育是一定要存在的，不同的是在教育的方式，所以不是你看到觉得不对的事都不表示意见，而是你觉得不对，是真不对，还是因为自己的惯性、局限所以觉得不对。再有，就是你如何告诉他这不对，帮助他纠正不对，而在此，要让孩子有个最基本的观念：任何事最终总得自己来承担，也就是有责任的观念。父母只能帮他忙，但不能承担结果。在责任的前提下，人选择他的道路，应该得到最大的尊重。现在的孩子教育问题首先是前提出了问题，好像人生只有一个选择，所以应该这样应该那样。

孙：您刚才也一直讲您的个人经验是个案，那您童年时受的是什么样的教育？

林：我家完全是放羊式教育，我从小的成绩单都没拿给父母看，都是自己拿印章盖的。我以联考高分读台大人类学系，父母听别人说那是冷得不能再冷的系，但也由我去了。

孙：我现在觉得父母对孩子的方式，与个性有很大关系。有的就是拿得起放得下，有的就不然。您父母也许只是朴素的意识，而您是不是做过理性的思考后采取了这样的方式？

林：首先我自己就是这么走过来的，另外这也符合我的个性。做起来比别人可能更顺一点。

孙：不过像您这样的人也不多啊，所以经验还是不可复制。

林：我如果要求孩子的未来也一定要照我的样子，那就又不对了。在这里我想讲个故事：六十年代，西方人流行习禅，许多叛逆青年尤其如此。他们在禅中看到呵佛骂祖，觉得最畅快不过了，其中有个年轻人还为此跑到日本习禅，在禅寺的第一天早上，看到一位禅僧很恭敬地在礼佛，于是不屑地对着僧人说："我们在美国习禅，从来是对佛像吐口水的。"这个禅僧了不得，他只平静地回了一句："那你吐你的口水，我拜我的佛吧！"在禅，吐口水、礼拜都只是一种"行为"，它带来的是真实、是虚妄、是破、是立、是虔诚、是束缚，完全看当事人是否知道自己在做什么。有了这点对事的自知之明，礼拜、口水都无妨，争执这些也都无意义，所以我固然不会要求他们有所谓世俗的成就，当然也不会要求他们学我的模式，模式的可学不可学，也得有这自知之明的前提。

六、出家与婚姻

孙：在看这本书时，我常常想到您的身份。您习禅，又有自己美满的婚姻家庭。我有时候就会想一个问题：如果您当时出家，观照这类事情，会不会不如您现在这样体贴入微？提到老婆孩子，您在书中一个细节，就是当老婆告诉你孩子在肚子里踢时，您作为男人与丈夫的感受。我想出家人是没有这类经验的。您曾说过自己曾一度认真想过出家，但最终没有。是不是在婚姻与出家之间做选择？

林：出家对别人来讲，尤其在台湾社会，常就是另一种生活方式。台湾出家人满多的，尤其是一些女众，她们就随缘修修法、服务于世人。坦白说，也仍是值得佩服的好事。但出家对我的意义不同，我是很早参入死生的，所以做这个选择，就是要做最后的攻坚。

孙：何谓攻坚？

林：就是像攻克堡垒一样，一定要攻破。要在此生中，将死生问题作个最终的安顿，在禅而言，所谓的修行，是"了生死"，离乎此，即使外表是宗教的事物也都是戏论。而我当时并没把握，能像禅门龙象中的那些祖师般在此有一番彻底的解决。因此，那时就只在想要不要出家，而不是说婚姻与出家成为生命中拉扯的两半。

孙：一个人做事怎么可能都有把握了才去做？

林：起码你自己会有判断，会自认准备好或是没准备好。这也有外缘的因素——那时如果有位高人接引我，给我信心，情况可能又不同。而你知道，我的东西都是自我探索而来的。

孙：那又有一个问题，出家人没有这些切身经验，在观照生命的整体时，是不是就会有局限？

林：人都有局限，人不可能拥有所有的经验，且所有经验又都深刻。所以要问的反而是：我们有没有照见自己局限的能力？进一步，由于照见自己的局限而能谦卑地看待跟我们不同的事物，甚至因此而能同其情也地移情成为别的生命的能力？而这种能力，则多少也要靠修行而来。有句话说，"虽不中，亦不远"，如果有这种能力，生命就会因为能移情体会而变得更加丰富。出家人固然比较难体会到一个孩子的细微成长，但对于两代人之间的神秘连接，他一样可以从自己与父母之间的关系感受到。只是一般人做孩子时，总觉得那种连接是天经地义的，渐渐地还会淡忘。但好的修行者是可以在此跨越的。比如明代的禅师憨山德清与近代的虚云和尚，他们出生时，母亲就死了，但两人却都三步一拜、九步一叩地参五台还母恩。他们还是能感受到生命中的那种连接。

孙：也就是说，一个人修行愈深，就可以不一定借由凡俗的体验，达到生命观照的深度。

林：对。我们晓得在认知和体验时，常人永远有两难，当你客观时就缺乏情感，当你投入情感时就不客观。在现象界，我们从任何角度，都有自己的局限：在内有在内的局限，在外有在外的局限。有没有办法在外者能体会或移情到在内者的感受，在内者也能跳脱出来感受在外者的观照？那就看修行的功力了。就两代人的生命连接，一个好的修行者，可以把自身与上一代的因缘观照得比一般人深，乃至移情到下一代。

孙：如果现在让您回头看出家与婚姻这件事，您还会坚持自己原来的想法吗？

林：一个时刻只能做一件事。也许孩子长大了，太太也有她自己的修行体会，反而会希望自己能过那狭义的修行人生活，以更有力地穷究生死也说不定。不过你问的问题就像我们老参做功课，虽然每天都打坐，但偶有一天事情太多没去打，也不会再去补打坐般。因为不会挂碍在心。所以并不会去想当初若出家会怎样。

孙：还是再问一个看来有所挂碍的问题。这本书是您十年前的小书，如果现在再写，还会是这样的看法与笔调吗？

林：基本看法不会有太大差异，但笔调会出现大的不同。早先的这部书，出发点是想要厘清一些事物，现在觉得谈自己的实践会更贴切，尽管我并不希望自己成为被认知或投射的对象。到这时，写来道理就会少一些，亲切性会多一点。但就一般人来讲，过去这种写法也有个好处，每篇文章看来都可以随意翻阅参考，也就是完整性可以直接就在它的体例上体现。当然，现在即使只讲道理，也会多一点体会，多一点以偏见圆的能力。

孙：就是会把"自己"放进去？

林：对，会加一些亲身经验的实例。如果谈这些年我个人的变化，那就是现在我开始写我了。当然这种"我"不是小格局的"我"，不是为了被认知、为了出名而写的"我"，只是想借由最贴身的例子让读者得到更贴切的观照，同时也再次看看自己。也就是用自身小小的一朝风月，映现可能观照到的万古长空。

孙：的确，您后来又写了禅书《禅——两刃相交》，我常把两本书对比着来看。有一天我突然明白了您经常引用的这句话：不可以万古长空昧却一朝风月，不可以一朝风月不明万古长空。

而即使这本书中您提自己的仍很少，但两者相映，我仍认为您这本书，就是以一朝风月映现万古长空，的确和您禅者的修行是分不开的。写不好禅书就写不好此书，写不好此书，禅书也会大打折扣。

林：两者的关系的确可以这么说，生命的学问要写得贴切，在书中就要有更多自身的经验，让每本书都有这"万古长空，一朝风月"的映照，只是，"三代之下，无有不好名者"，写到自己，要如何如实，就是禅者另一个境界现前的考验了。

我佛终宵有泪痕

林谷芳

我曾在一位老参的画展上,见到了流泪的佛陀——夜色中,佛趺坐于山石上,俯视万丈红尘,而泪眼婆娑,这幅题为"我佛终宵有泪痕"的画竟已成为自己印象最深的一幅佛画,尽管时隔多年,每一忆及,犹不免升起初见时的种种感触……

佛法是谈觉悟的,而对于何谓觉悟之境,禅门固常有"说似一物即不中"之拈提,然就芸芸众生而言,这毕竟乃陈义过高之论,远不如将彼岸觉者想成如如不动、入于自受用三昧之像,以为内心追求欣羡之所依。就这样,无论是作为艺术欣赏或修持对象,佛像世界在人类文化史上乃成就了无比灿烂的一章。

在佛像塑造上,由于佛乃自觉觉他、觉行圆满之究竟成就者,而"究竟"即是已超越高低上下等对待之两端,因此,所有佛陀,除以印契或持物表其愿力及与此土之因缘以为"区别"外,外形遂乃无有不同。相对于此,仍于觉行路上,"上求菩提、下化众生"的菩萨，其像则可变化万千，极其方便善巧之能事，不过，菩萨与佛，却也有其根本之同——祥和平静之脸部永远是觉者最主要的特征。

然而，我却在一位老参的画展上，见到了流泪的佛陀——夜色中，佛趺坐于山石上，俯视万丈红尘，而泪眼婆娑，这幅题为"我佛终宵有泪痕"的画竟已成为自己印象最深的一幅佛画，尽管时隔多年，每一忆及，犹不免升起初见时的种种感触。

印象所以如此之深，或者就在它逾于常轨的造型更能具体流露出佛法所强调的慈悲吧！佛，在能力与作用上，原即可被定义为悲智双运的生命，从大乘而言，自了汉之罗汉本非究竟，只有行着无尽救赎的菩萨道才得体现觉者之风光，然而，到底此种慈悲又是如何缘起的呢？

从佛理之立场，华严哲学之"事事无碍法界观"为慈悲的"必要性"提供了一个圆满解释：万事万物其相互缘起之关系，就如帝释网上作为网结的各个夜明珠，其光交涉无碍，举一光而摄无量光，含无尽光于一光般，任何看似无关之事物，究其极，彼此皆有无尽之因缘，因此，如何能有一人可在众生未得度前，真正"不受后有"、单独得道呢？就理而言，这可说是"无缘大慈、同体大悲"应然性的最佳依据。

然而，仅就此种对慈悲必要性的理性解释，并无法让我们真正契入行者在生命与行持上所映现的悲心，而许多人也不是先有智能观照才起悲心的。根柢地说，悲，作为大乘生命之特质，实在是与宗教心同时俱生的，甚而，若欲在两者间强加分别也是一种戏论。

宗教心，这个对生命本质处境的观照，在佛家，原是集中于生命究竟不自由的体会,并以苦空无常作为拈提的。而在深深体得此种困顿后,很自然地,行者将发觉自己与其他有情原无差别,毕竟小至蜉蝣、大至人类,贵似公侯、贱如仆役,其于生死都是同等无助的。以此而言,俗世之高下成败,自然就无有可真正执着之处。生命在此所能做的,反倒只剩下那最自然的"同病相怜"。而人的同情——"同其情也"臻于此,也就是佛法所说的慈悲了。

如此,慈悲之与宗教心既为俱生,因而,尽管行者在智慧观照及悟后风光常有层次与宗风之别,但悲心却是他们共有的,而此种慈悲则非如一般怜悯。有所谓拥有者于匮乏者(如富对贫)或上对下(如神对人)的种种对待,佛法布施所强调的三轮体空——对施、受、所施之物皆无累于心,乃能在此"平等一如"上具现。

有了此种体会,我们回过头来再看《指月录》上"婆子烧庵"的公案,就会另有一番感受:

昔有一婆子,供养一庵主经二十年,常使一二八女子送饭给侍,一日,使女子抱曰:"正恁么时如何?"主曰:"枯木倚寒岩、三冬无暖气。"女子举示婆,婆曰:"我二十年,只供养一个俗汉。"终于遣出烧庵。

对于此一严守"戒邪淫"戒律而竟遭扫地出门的公案,历来皆能引发行者不同之疑情,其间可参者固多,而以一修行二十年之禅者,面对无以解脱情欲之女子,若仅能以或淡然或严峻之"枯木倚寒岩,三冬无暖气"对之,中间却无一丝悲悯之情,则他其实也早已忘却自己修行的初发心了。

犹有甚者,除众生在根本无奈上皆同外,就禅门而言,生命之未得解脱，更乃缘于二元对待之俱生认知，而解脱既在打破自他之对待，真正智慧之增长也必然带来悲心的扩充，枯木寒岩之喻岂不正证明了行者这二十年是白修的，此一公案之体会，亦可在此落脚，这正是大乘的基点，而其极致，在天台宗乃成就了"佛性本恶说"。

拈提"佛性本恶"此惊世骇俗之论，其实并非直指佛心为恶，而系认为在本具之佛性中原也有其"本恶"之存在，只是在佛是可以"本恶而不生"的。就天台之立场，若没有了此种本恶，则佛又如何能体会恶人之困顿而行究竟之救赎呢？

由是，不管是从宗教心之生起，或自华严之"事事无碍法界观"观之，抑或由情出发乃至以理论证，佛法之慈悲，其当下总是契缘起也为究竟的。而以此种悲心，日本净土真宗的开祖亲鸾终于咏出了他亘古的名句："善人尚可得救，况恶人乎？"不知者或以此话是笔误，但在亲鸾此情怀殷切者要说的，应该是：只有也对恶人所以为恶之有限能感同身受者，才算是真正的修行人吧！

而惜福之心，更深的观照也应在此，一般言及惜福，总以"应念过往不足，珍惜今日所有"应之，其实，宗教中真正的惜福，乃是在众生平等的体认上，对己身拥有较他人为多的感激之情——尽管于圣谛上此差别诚如达磨所言并"无功德"，但有，就可为修行之资粮，因而，更不敢辜负自己之所得。而这种由道心而出的感激之情，正是检验行者慈悲心量的一个重要基准。

如此，自发心以迄证果，慈悲与智慧在佛法中乃始终密不可分。因而，尽管佛法是讲觉悟的，但却也有不少宗派与法门就以悲心之扩充作为修行的主要锻炼，即连在常以严厉森然或空有俱遣的禅门，慈悲也依然是修持与勘验的重点，以拈出"只手之声"公案知名的日本禅僧白隐慧鹤就有着下面的一则出名逸事：

白隐所住持之松荫寺门前的豆腐店老板夫妇，在为已届婚龄的女儿寻到合适对象后，竟发现女儿无论如何不肯答应此婚事，察觉事有蹊跷的母亲在婉言刺探下，方知女儿已怀有身孕，盛怒的父亲决心查出那作孽者，而所得到的答案竟是平日视之为圣僧的白隐。

店家夫妇在看透此"佛面兽心"之和尚后，心中愤怒更是达到顶点，从此乃不再踏入寺门。及至生下的男孩满月之际，店家才怀抱婴儿，怒气冲冲地直闯白隐居室要和尚"养自己的孩子"，禅师于此时才知原委，但仍一言不发地负起了抚养责任，哭了哄抱安抚，便溺换洗尿布，皆不假他人之手。

然而，面对孩子之哺乳问题，禅师也束手无策了，于是，白隐只好抱着婴儿，穿梭乡里间，求人授乳。事情因此传开，对和尚的诬蔑批评乃更加不绝于耳。

如此，过了一段时间，以为卸责给父母尊敬之禅师可以避免追究的女儿，终于熬不过良心之谴责，乃道出了真相。惭愧的店家大惊之下，立即急奔寺内，见了禅师长跪不起，连称不是，却不料白隐只淡淡地答道："是么？施主既已明白，那就好了。"

这就是白隐"抱婴求乳"的出名故事，而向来对此事之体会，参者多喜在禅者的无执着眼，然而，若再前一探，此无执之根源，不就在那究竟之悲心吗？

当然，要臻于白隐之境是需要一番寒彻骨的锻炼，你我或许离此都远，然而，在夜深之际，肚子不饿的你是否会不自觉地走到摆面摊的老人前叫一碗面？见到苦力阶层津津有味地咀嚼着便当，自己会不会涌起一丝鼻酸，并生起对己身所拥有的感激及常暴殄天物的惭愧？这些生活间的小情怀，正是我们道心未死的印证啊！而"我佛终宵有泪痕"的我佛，又何尝只指成道的佛陀？它不正点出了"我之为佛"的道理吗？！

于是，作为人，作为行者，我们总不免得自问：有多久，自己的眼眶没再湿过了？

写于1991年

世情与道缘

林谷芳

有时世情的难以割舍，只因它就是入道的因缘。年轻时读过一本名为《袈裟》的小说，书中提及一位住持出家的原因：他年轻时原是为害乡里的无赖，后来因强暴少女遭乡人追捕，逃至渡口想搭船过河，岂料该渡口只在早上营业，待他抬头一瞧，"早渡晚不渡"的牌子赫然入目……

人在面对神圣事物时，二元思维总常成为他生命的唯一主导力量，日常生活原具的悲悯与幽默，常就消失无踪，在宗教这绝对神圣性的领域里特别如此，神话中泾渭分明的善恶两极本就不允许信徒在此有任何的价值徘徊。如此，原也有它引凡入圣的必然道理，但对许多人——尤其曾尝试去修行的人而言，就难免觉得故事中的世界与自己的实际经验，有不够贴切的地方。

同样的遗憾也出现在历史人物的修行传记里，尽管他们的行谊比起经典中神祇圣者的故事，要来得更有人性也生动许多，但作传者大都只在圣者的发心缘起及成道度世上着墨，对于发心之后以迄得道间的种种，不知是当事者不讲，还是无从查考，总都一笔带过。

祖师行谊中常见的"僧某年参于某师，一日，忽于言下大悟，身心脱落"，是我们最常读到的写法，当然很难引起有心人的共鸣。

而在这种情形下，少数由悟道者详述生平、娓娓道来的自传就显得弥足珍贵了。主人翁在各阶段的矛盾挣扎、牵扯攀缘、努力精进，既在其中清晰显现出来，师法者由此乃能获知他真正转凡入圣的因由；而在这些过程里，最让我们惊讶的也许是：修道者在面对世俗所谓的灵欲（特别指财色名利等）交战时，常能轻骑过关，最难解脱的，反倒是像亲情、爱情、友情、艺术修养等高贵情操的牵扯。

就拿近代禅门高僧虚云和尚的一生来说吧！我读他的自述年谱时，印象最深刻的还是他历经数年朝山礼佛、回向母恩的苦行：即使是这样一位深具凤慧的大师，也须在如此苦行之后，才得截断尘缘，放手办道，一般修行人对世情的万难割舍，也就可以想见了。虚云和尚出家的妻子清节尼就是个例子。

虚云在七十一岁那年，接到了睽别已久的妻子的家书，这位俗家姓谭，当时法号"清节"的女尼，是在虚云十七岁时与另一田氏一起过门的，但虚云"与二氏同居而无染"，"时与说法，胥成净侣"。其后，虚云于十九岁逃家披剃。六年后，虚云父殁，养育虚云长大的庶母王氏遂带二女出家为尼，如此一别五十年。其间，虚云云游中外，直到田氏殁后，清节尼才辗转与虚云联络上。虚云此时"久矣浑忘尘世事，莫将余习到云边"，然而清节尼的家书却是这样写的：

"……忆君遁别家山，已五十余年，寤寐之间，刻难忘怀，未审道履何处，仙乡何所，未获卫侍左右，实深歉疚。今春正月，侧闻高隐闽海,优游自得,闻之不禁悲喜交集,然究未知真实下落,真令悬恋难测。因念上离父母养育之恩,下弃吾等结发之情,清夜思维,其心安忍,况今兄薄弟寒,父母年迈,吾等命乖,未能兴家继嗣,家中无倚靠之人,宗嗣无接续之丁,每忆念及,未尝不潸潸泪下也。儒以五常为道,昔湘仙尚度文公及妻,且我佛以亲怨平等,调达耶轮,尽先度之,想吾等与君岂非缘乎?……今寄数语,使知家中事务,信到之日,速请束装就道……满腔蓄泪,尽形一望也……"

这段文字就算由一般人写来,读之也让人心有戚戚,何况是出自一位年将七十的老尼笔下?就此,有人可能会觉得清节尼的修行是白修了,然而,这或许只是过于简化人性的看法。对清节尼而言,世情与道缘间,原也可以不一定是"非彼即此"吧!因此,家书的末尾,清节尼还是将"望断天边月,泪水泻满睛,我栖湘江上,竹痕已成斑;君必成大道,慧业日当新,昔时火宅侣,原是法城亲"两种不同的感受与期待并列了。

面对如此丰盛的世情,得道的高僧虚云在读完家书后又当如何自处呢?他真的只是"只此一生清白业,更无余事记心田"?还是心里对清节尼总难免有为办大道,暂搁侣情的一丝歉意呢?或者是生起菩萨悲悯众生的心来看待清节尼的未得解脱吧!而修道者若能在这圣凡交界处寻个落脚,所承领的慈悲不就受用不尽了!?

话说回来,有时世情的难以割舍,更因它就是入道的因缘,年轻时读过一本名为《袈裟》的小说,作者叙述他每年暑期都到台湾中部的一间寺庙写作。寺庙住持是位清癯枯瘦的老僧,每次看到他坐在一副"且去发,直参释殿;乍回头,已隔红尘"的联语前打坐时,作者心底总升起一份难以言喻的凄清。有一年,再去时,老僧已圆寂,但他却托弟子将记述自己前半生的回忆录交与作者,从中才知老僧年轻时原是为害乡里的无赖,后来因强暴少女遭乡人追捕,于午后时分逃至渡口想搭船过河,岂料该渡口只在早上营业,待他抬头一瞧,只见"早渡晚不渡"的牌子赫然入目!一霎时,荒唐往事,齐涌心头,顿时汗如雨下,于是在潜入河里逃过一劫后,便上山出家,以赎前愆了。禅座后的对联,正是出家后回首前尘,有感而写的。作者到此才晓得禅堂中的一丝凄清因何而生。年少时本想出家的我在读到这副对联时,也真是心中悚然,激荡不已,想想,这看似轻松的"且去发,乍回头"里又包含了多少的无奈、懊悔、欣幸、感恩与体悟呢?

原来,历经人世变迁、体悟无常的出家人世界,他们在情感上所要面对的竟要比我们想象的复杂许多,而用这样的认识,让我们回头再来看看禅门"婆子烧庵"的公案,也许就另有一番滋味了!

"婆子烧庵"出自《指月录》:"昔有婆子,供养一庵主,经二十年,常令一二八女子送饭给侍,一日,令女子抱定,曰:'正恁么时如何?'主曰:'枯木倚寒岩,三冬无暖气。'女子举似婆,婆曰:'我二十年,只供养得个俗汉。'遂遣出,烧却庵。"许多人对这公案的理解都以和尚固然不应近女色,但二十年修行,却连点慈悲心都没修得,来了解婆子为何遣僧烧庵。这样的参入颇能契合禅宗的本色,但无论是慈悲的情怀,还是"三冬无暖气",终究都是臻于纯一世界的风光,而在未经一番寒彻骨前,修行人遇到上述的情况又将会如何呢？在坚拒或悲悯，心猿意马和断然处置，种种的起心动念间，又会有多少往事浮上心头呢？恐怕这种情形才是大多数修道人的写照吧！

从"还君一钵无情泪，恨不相逢未剃时"到"雨笠烟蓑归去也，与人无爱亦无嗔"，这中间，每个行者必定都有他刻骨铭心的一段经历，而如何升华世情，转归道缘，也其实才真是生命中最最动人的一章！

写于1991年

沙门如何有爱，婆子因何烧庵

林谷芳

教授禅修行，有个"婆子烧庵"的公案是我时常拈提行者的，它出自《指月录》，文字虽短，但从初发心到究竟，修行人似乎都可在此琢磨、映现自己的生命风光：

昔有一婆子，供养一庵主经二十年，常使一二八女子送饭给侍，一日，使女子抱曰："正恁么时如何？"主曰："枯木倚寒岩，三冬无暖气"，女子举示婆，婆曰："我二十年，只供养一个俗汉。"终于遣出烧庵。

这个公案因行者的知见及修习法门可有不同的契入，但所有的疑情则都起于一个严守戒律的沙门为何仅落得个"俗汉"之称，甚至还被扫地出门，而这出门又何止是婆子不再给侍，实际上更可以说被逐出了佛门。以此，公案的基点既直捣龙门，擒贼擒王，只要有点感觉的，就不能不在这里起观照！

那么，当女子抱之时，又该如何呢？公案要有一定的答案，就不叫公案了！而这公案所唯一清晰提供的，就只是不许个"枯木倚寒岩，三冬无暖气"而已，但暖气指的又是什么呢？许多的行者就从这里观照起。

的确，公案的目的原在升起观照，这"婆子烧庵"的公案对我们固是如此,而案中的二八女子,对庵主则更是个"两刃相交,无所躲闪"的公案,可庵主面对此却只用了个"标准答案"。

但有了标准答案,就流于所知障,就无观照。先不谈禅,即使一般修行,也该是"不怕念起,就怕觉迟"。

念如果激出觉,烦恼就是菩提,况且人不可能无念,否则就形同草木。而虽说念要"正念",但生命自无始以来轮转,无明与菩提间又怎能简单二分。有人见到特定异性不克自己,有人一见特定道人,即觉可以奉献终生,虽说一凡一圣,可颠倒或超越却并不全能以外表的凡圣决定。也所以有人修行入魔,有人却能勘破情关而向道。

男女之爱的纯然,与行者向道的纯然,其实没有什么不同,差别就在观照,就在觉性,就在菩提心。缺乏了这些,向道的纯然是入魔的温床;有了这些,即使是男女的无明,恰就是最好的"境界现前",于此勘透,悟道不远。

用这样的心才能真正契入修行者如实磨炼的风光,才能知道修行路上的峰谷转折。诚然,未起道心的外人总落于断常的偏见,可虔诚的信徒又常把修行想得过于单一,这些,都不可能真正契道。内心的幽微、无明的拉扯、努力前进却碰上铜墙铁壁,这些,开山立宗的不谈,建个道场接众的不谈,登坛说法的不谈,修行,许多时候就被蒙在厚厚的"纯然"而不得如实。

有一个学佛的师兄告诉我他的一段实际经历:90年代初,台湾兴起一股藏密风,他受托带了一些资粮前去尼泊尔供养,所到道场是莲花生大士当年闭关之所,山上现仍聚集了一些想究明大道的行者,也仍以闭关的形态在维持,每个关期三年三个月又三天,中间连剪发都不许，而就在山上他看到有人将发簪抽掉，头发竟直接逶迤于地上，这样的"成绩"少说也要花上十余年才得。

在这里，他碰到了一个"故交"，说故交，其实原来并不相识，只是如此的世外之地，竟能碰上一个住过台北的人，当然格外亲切。而一问之下，知道这位藏人，原来在太太过世后，顿感无常，于是舍缘出家。不过，他原育有二子，两位小孩都还寄在台北的"西藏儿童之家"。

他乡相遇，自不免有所嘱托，我这位朋友答应替他带点东西，传个口信："爸爸关期一结束，就会兼程回台北看你们。"

告别了这位修行人，朋友问了旁边陪同的格西喇嘛，想知道：这样的一位行者在第一关与本尊的相应会如何？

"怎么会有多大进展呢？第一年初观本尊，眼睛一闭，本尊都化成了刚逝去的太太；好不容易妻子的身影稍淡，进入第二年，一上座，想起的又都是台北的两个小孩；这一关也好不容易才过了，第三年正想稍有契入，关期却又到了。"

格西的回答是如此如实，与一些赶灌顶、跑法会、讲念力者所想象乃至宣称的相距怕有十万八千里路远。但不正如此，才叫修行吗？否则，多少习气，与那根柢的俱生我执、无始无明又怎能被斩、被转呢？

从这样的角度，回过头来看看本书的《初恋三摩地》，也许领受的就自然不同，一个24岁的比丘与20岁比丘尼的爱，就再也不一定是惊世骇俗、难以接受之事。它只不过像我们生命中许多的所爱所恶般，攀缘的是如此自然，如此不自觉地就来到。

但可贵的是人有观照的能力，真正的行者所浮现与凡夫的不同就在于此。于是，这无明之爱由何而生？它是常或无常？有没有可能完全禁闭？它的出现是纯然？是考验？还是堕落？就这样觉性一起，恋爱竟就是道人最贴近、最屦痕斑斑的生命功课，过不过得了这一关，也就决定了自己是不是只能成个"俗汉"！

的确，关键就在于作者观照到了无常，关键就在于他仍不失菩提心，于是无明之爱反而化成了"无常万岁"的谛观，成就了以菩提心为本的宗教事业。

"无常万岁"是这本书核心的观照之一，三法印讲无常，这是宇宙律，有这无常我们才要了脱生死，有这无常才会有常的追求，但常与无常果真是两回事吗？否则，观世音菩萨已然成佛，又为何还要倒驾慈航？而释尊菩提树下已然悟道，也得继续说法49年。显然，"动""不居"正是宇宙的"法尔本然"，佛菩萨也不例外，只是照而常寂，寂而常照而已，能体得这点，自然就"无常万岁"。对行者，无常既是生死催逼，也能促成观照，有时更直接就是无尽的修行、转化与救赎。

而书中的禅师就因这24岁的无明之爱，乃让无常成为后者。

坦白说，这样的一本书较许多"酒肉穿肠过，佛自在心头"的故事更贴近生命与修行的幽微，也因如此，观照乃必须更为澄彻，而其中，禅修行所标举的"不可予自己以任何可乘之机"，仍为必然的基点，否则就入魔道。只是在此，各人禀赋不同，法门不同，如何处理也就不一样，有人的观照如绵延水流，有人如快刀斩麻，有人老婆心切，有人则干脆一拳粉碎虚空。而这本书，则在诗意的文字里，有将坚持藏在一份体贴背后的特质，但其境界则端不可与将禅写成"啜饮一杯午后香醇咖啡"的诗意文字相提并论。

"事"上以自己的经验如实道出，"理"上回归"金刚""维摩诘""华严""法华"，两相参照，理事具全就是这本书、这个人与这个故事，但在宗门，行者末后仍可有此一问：

数十年后再提往事，广渡众生之余主人翁可有一丝遗憾？有又如何？无又如何？而这一问又映照了自己什么？

走笔至此，浮衣眼前的是克勤圜悟的悟道诗：

金鸭香销锦绣帏，笙歌丛里醉扶归；
少年一段风流事，只许佳人独自知。

诚然，"独自知"的何只是那冷暖自知的开悟境界，更有那心念起伏里既怕人知，又可升起无限觉照的生命幽微，修行只有见及于此，才能不辜负人身一遭！

——为一行禅师[1]《与生命相约》所做序言

---

[1] 一行禅师为越南禅门高僧，现已60余岁，在《与生命相约》一书中描述了他当年与20岁比丘尼因相知而相爱，却不犯戒律，最后将这种情怀转换为弘法热忱的故事。——编者

我儿林雨菴——访禅者林谷芳

个性带有几分孤高自负，又有很深文人情怀的民族音乐家林谷芳，无论在任何场合，总是冷傲对事，从他拒绝参加"总统府音乐会"那种布衣傲王侯的骨气，感觉上，像极了古代的文士，这样一个对人格情操要求十分严谨的人，反映在教育儿女身上，不免叫人好奇。

出乎意料的，林谷芳对儿子，可以说是近乎放纵的放任。六岁的林雨菴，慧颖清秀近乎不染尘世味，个性却调皮好动，林谷芳与朋友聚会总带着他，而林雨菴多半无一刻是静止的；不过，这种场面丝毫不会带给林谷芳困扰，顶多只会露出无奈却又满足的笑容。

林谷芳潇洒地说，婚姻与子女对他来说，都是非计划性的产物；同样地，对待孩子，他也没有什么计划性的教育，只有大原则。他说："人生有太多的不可知，自以为可以掌握，才是无知。对孩子，我采放任主义，只要他能承担就行了。"

当孩子在他身旁绕来绕去，缠个不休时，林谷芳除了微笑持续话题外，一点不悦的反应也无。他说："小孩子就像橡皮一样，你不去对应，才不会动火。"林谷芳引用鲁迅名句"横眉冷对千夫指，俯首甘为孺子牛"，这是鲁迅对儿子的心情，林谷芳深有同感。

少年学佛，从人类学研究者，摇身一变为民族音乐家的林谷芳，骨子里对生命有一种浪漫的情怀，在与孩子相处时那种无言之教，其实是带有很深的禅意与深情的。谈到亲子间的禅话，自然不得不先提林雨菴名字的由来。

命名雨菴，禅意深远

"儿女的名字，通常投射着父母的期待。"林谷芳说。一向潜心学佛的林谷芳，年少时曾有很强烈的出家念头，此心愿未能实现，因此，在取名字时，特别从历代祖师法语中，希望取祖师的法号、俗家名字来用，可是怎么看都不对味。

而在这段思索过程中，也勾起了他过去修行的往事，想起他在十八罗汉洞，面对四周冷冷的山雨，总常兴起一种清明冷冽的心绪。当年就有"古寺无人迹，幽兰自在垂；会得曹溪语，坐看斜雨飞"的诗句，而他又素喜禅师法号中的"菴"字，孩子的名字"雨菴"就如此出现了。后来他以一首《山居》诗记下了这段因缘：

> 雨涤春山空斋冷，江上唯见树色清。
> 渔影映出一水绿，鹭行飞破千峰青。
> 云横素庵经独唱，剑倚寒岭酒自倾。
> 无爱浮沉随风去，却将僧盘入耳听。

孩子的名字既寓于其中，也写出了林谷芳在世情与道缘上的观照。林谷芳虽然喜欢孤朗雄壮的气魄，但他认为晴天外放，雨天则教人有收敛回归自性的感觉。因此，就爱一人独自面对孤冷的山雨，也爱诗中有雨。"雨菴"有诗人的味道，心安茅屋稳，一间草屋即可安身立命。

林谷芳认为，生命最重要的是情怀，幸福的感觉要靠内在的自足，不能靠外缘，有人居权势高峰而心不安稳，内心安定则居陋巷不改其乐。"雨菴这名字，可以是居士，也适合作为笔名，万一出家，更无须另取法号，越想越令人喜欢。"谈及儿子命名的由来，林谷芳露出得意的笑容。

永世轮回中的父子缘

林谷芳之所以少年学佛，是在六岁时看到有人自杀身亡，由此有感于死生，后来因见佛书句："有起必有落，有生必有死；欲求无死，不如无生。"遂习禅。而当雨菴出生前三天，林谷芳就很认真地和他共话无生。说来似乎有点玄，可是林谷芳却很正经而近乎庄严地认为腹中的雨菴是懂得的。他说，人在轮回中，灵识未灭，投胎后未受尘世污染前，仍有清明的神识。

刚出生那几天，有一个下午，林谷芳对着婴儿天真的眼神说："孩子，在这永世的轮回中，希望它是你的最后一趟，你我有缘成父子，我会尽心待你，但希望这真的是我们在娑婆世界的最后一世。"林谷芳对孩子连说了七次，而小雨菴就这么静静地听着，仿佛是老朋友一般。

林谷芳描述当时的情境，觉得两人像多年的朋友，只不知为何结下父子缘，想到这里，悲悯之情油然而生，这种悲悯是因为体会人世轮回与生命不可知而生起的不忍之心。

这样的缘分,不能强求,也不能逃避。林谷芳认为,直下承担才是解脱。他说,孩子、朋友都是一种缘,有深的纠葛,也带来不同的生命情怀,而佛法就在这生活应对之间。教育孩子,没有特殊的方法,只要他能善体生命的价值与情怀,并不须直接告诉他何者为善,何者为恶;让他知道,不能等做错了事再说对不起,而是当下就必须承担一切。

佛种子在生命观照中生根

林谷芳举日本作家石原慎太郎带儿子看夕阳的故事,石原牵着儿子,到山边看落日,对着满天绚烂瑰丽的云彩,石原告诉儿子说:"翻过美丽的山头就是阿弥陀佛的所在,那也是我们的家园,是我们人人都要回去的故乡。"如此庄严又带点豪壮的情怀。林谷芳认为,佛种子就是这样在生活中每一个当下给播下去的。

"孩子对是非对错的观念还很琐碎,叨叨不休地念他、纠正他,未必有用。只能多讲些人生的境遇给他听,让他滋生慈悲心,多种善根,知道有一天他必须自己承担自己的生命。"林谷芳也在日常生活中慢慢让孩子了解人生的无常,比方说,他会告诉雨菴:"爸爸有一天会不见,会去很遥远的地方。"如此,逐渐让孩子了解死生的必然。

林谷芳认为自己是老来得子,因此教养即便不失之严,也必失之于宽。而孩子本有他自己的世界,最重要的是替他找个玩伴,让他们共同学习成长。而教子之道,只能掌握大原则,否则岂不累死人。

"生了孩子,就要有让孩子蹂躏的心理准备。"林谷芳说,"人不轻狂柱少年，千万不要用大人惯性的世界强加在孩子身上，本来孩子之所以可爱，是因为他们率真，而且让我们看到自己的成长，填补了我们生命前期记忆的空白。更严肃地说，我们跟孩子并不是一般意义下的两个生命，而是另一层次的一个生命，可他又绝不是我们的附属品。"

孩子让我们观照到自己，当从这个观照体会到生命的缘起缘灭后，自然可以从中求得解脱。这点，和他当年对民族音乐的感动也一定程度地相似。

除了艺术的欣赏，民族音乐更让林谷芳有着超越一己生命的感动与情怀。这样的感受也在孩子身上领略，这就是为什么林谷芳一身傲气，却唯独对儿子没脾气的道理了。

林秀芳访于 1994 年 12 月